JN117764

純度100%岸釣りノウハウ

バス釣り陸魂読本

RIKU DAMASHII

川村光太郎

内外出版社

CONTETS

第一章 岸釣り力のビルドアップ術

第二章 釣果に直結するオカッパリタックル選び

第三章 陸を極める！ ルアー&テクニック実践法

第四章　頂点を目指すための陸魂思考

カバーデザイン　四方田 努（サカナステュディオ）
本文デザイン・DTP　サカナステュディオ
カバー写真　安倍康浩（TOZIITO）

第一章

岸釣り力のビルドアップ術

オカッパリでバスを探すためのベーシックとは？
釣り場のタイプや状況に合わせた基礎を身につけよう！

◉オカッパリでのバスの探し方

岸釣りでバスを探すチカラをつけるためには、季節ごとのバスの行動パターンを知ることが基本となります。まずはひとつのフィールドで、年間を通して釣りをすると把握しやすい。2シーズン目、3シーズン目と経験していくほどに、バスが着く場所や、その移り変わりを捉えられるようになってくる。フィールドのタイプはあまり小規模でなく、水深やストラクチャーのバリエーションに富んでいるとなおよし。他のフィールドでもその経験が生きるはずです。

僕は、バスの動きを常に繋がりで考えています。単純に春、夏、秋、冬に区切って説明することもできなくはありませんが、本来、季節は少しずつ移り変わっていくものです。冬をスタートとして考えてみます。春の訪れを感じたバスが動き出しても、越冬場にいたバスが一気にシャローへ移動するわけではなく、越冬場に近いところからジワっと広がりを見せていき、だんだんとシャローの魚影が濃くなっていきます。毎日1時間でもフィールドに出られたら最高ですが、毎週釣行するだけでも、十分に季節の進行具合を感じられるはず。

他にも、ひとつのフィールドに通い込むことは、たまたま根がかりしたときに木が沈んでいるといったシークレットスポットを見つけられたり、よく釣れる実績場所が定まってくることで、効率よく釣れるようにもなってくるはずです。

しかし、そのフィールドを熟知していくにつれての弊害も。ココはよく釣れると分かっている場所だけで釣っていると、だんだん感動は失われていくもの。そうなると、今度はフィールドの幅を広げることをおすすめします。バスを探すスキルという観点から言えば、通い込んではいないフィールドに行ったとしても、バスの居場所を見つけられるかどうか。そのスキルが身に付いてくると、バスフィッシングはもっと面白くなるはずです。

たまにしか訪れない釣り場で、そのフィールドに通い込んだアングラーが驚くようなスポットや釣り方を見つけ出し、地元超えとなる釣果を叩き出せたら快感の極みでしょう。そのバスにたどり着く力をいかに養うか。それは常に自分で探すクセをつけることにかかっています。

そのためのひとつは、あまり情報は入れないこと。人から聞いた情報はその精度を見極めることができません。対して自分で得た情報であれば、自分なりにA級、B級、C級といった具合に優先順位を付けることができます。

情報は常に過去の出来事です。その情報発信者の影響力が強いほど、同じ場所で同じ釣りをする人が集中し、むしろ釣れない状況に陥ってしまうことすらあります。だから自分で見出すことが大事。正解かどうかは二の次でもかまいません。考えて、想像して、歩いて、試す。地道に蓄えた経験値が積もり積もっていく。そうすれば、見知らぬフィールドにポンと行っても、このフィールドタイプ、季節感・天候だとこういう場所にバスが居るよなと、自然と感覚として分かってくるはずです。

◉セルフマッピングのすすめ

僕の場合、もうバス釣りを30年以上やってきたなかで、全国の主要フィールドはほぼ経験させてもらい、おおよその情報は頭に入っています。それでも、初場所や久しぶりに釣りに行くフィールドでは、航空写真をプリントアウトして持って行くようにしています。

釣りをする前に大まかな把握や絞り込みをするだけではなく、実際に釣り場で得た情報を書き込んでいく作業をします。水辺を歩いて「ここに杭が沈んでいるのが見える」とか、「護岸の角度が切り変わっているな」とか、わずかな変化にバスがついていることもあるので、そうした変化を書き込みます。同時に、スマホのマップアプリにもマーキングしておくことで、正確な位置も分かるようにしています。**バスが釣れたスポットには、必ずといっていいほどまた着きますから、バイトがあったところも書き込みます。時期によってもバスの行動に違いがあるので、必ず日付と共に記録します。この積み重ねが財産なのです。**

また、僕はよく使うロッドに30センチごとにマークを付け、水深1・5メートルくらいまでであれば、ロッドを水中に突っ込んで計れるようにしています。例えば霞ヶ浦には膨大な数の水門がありますが、見た目で判断できない深さや底質を、ロッドティップでボトムを刺してチェックします。オカッパリでは魚探がないので、この作業を行うことで、「ここの水門は周りより深い」など、他より条件のよい水門を見出すことができます。他にも、ハードボトムの始まりと終わりが分かったら、「ハードボトムの幅がだいたいバスボートくらいだな」とか、「隠れクイが4本、沈船あり」とか。ただ、あまり書き込みすぎると訳が分からなくなるので、「ここはダメ」といったマイナス要素は入れてはいません。プラスの要素のみです。どこまで詳細にやるかは人それぞれですが、釣りの効率や精度は間違いなく上がります。

地図や航空写真へ情報を書き込むようになったのはきっかけがあって、やはり陸王で釣り勝つため。**特にアウェイのフィールドでは、情報収集しつつ書き留めておいたことが実戦でも役立っています。**回るコースをイメージしたり、当日思うように釣れていないとき、打開策を思案するときにもマイマップを広げます。昔は足で稼げみたいな、今でもそれはありますが、それだけだと勝負の釣りになると勝てない。確率の高い釣りを展開できるよう、そしてその後の釣行にも活かせるオリジナルな情報として、自分の目で探して、記しておくことは、もはや欠かせない作業となっています。

◉バスの探し方のヒント

釣り場で着目するのは、基本的には地形変化とバスの着き場となるカバー、そして流れがあればその強さ。まず最初はフィールドを広く見て、際立った変化からチェックします。流入河川との合流点やバスが上がれる最上流。地形が蛇行していたり大きく張り出しているなど、分かりやすいほどに条件が変化しているところ。ほかにも橋が架かっているところも必ずチェックします。橋脚があれば流れが変化し、根元の水深が掘れて深くなっていたり、上流から流されてきた枝などが引っかかってカバーを形成していることもあります。橋脚がないタイプでも、ビッグシェードとしてやはり見逃せません。

そして、その大きな変化の中にあるブッシュや水門、さらに言うと護岸の切れ目から草が生えている程度のちょっとした変化など、どんどん細かいところまで最終的には目で直接見て探します。

最初から端から全部歩くことは時間がかかるので、まずは大きい変化を航空写真からピックアップして、最終的には魚が1尾着くところまで、解像度を上げていきます。

ただ、五三川くらいの比較的小規模なフィールドであれば、1日ですべて釣り歩ける広さなので、初めから全ての細かい変化を拾っていくこともします。一方、霞ヶ浦水系はもちろん、遠賀川や旧吉野川クラスとなると歩ききれないので、フィールドの規模にもよります。

今はバスも賢くなり、なかなか王道のスポットだけでは釣れにくいので、王道プラス「人が見落としがちなところ」も積極的に探していくことは大事なカギとなります。

単調なところでは、些細な変化にも着目します。例えば、延々続くコンクリート護岸の中で、継ぎ目から草が生えていて根っこが垂れ下がっているだけでも、1尾が着く価値が存在します。

カバーが豊富なところでは全てが魅力的かと言うとそうでもなく、その中でも特に条件のよい部分を選んでバスは着いています。例えばブッシュやアシが続いているとしても、周りより深いところにある、ちょうどよい強さの流れが当たっている、岸がエグレている、枝葉が特に張り出しているなど、好条件のスポットを見抜いて効率よく撃つことで、バイト数が変わってきます。かたや1本の植物、かたやより複合的な変化と、周りの環境との関係でその優先順位が変わってくると言うことです。

あとは単純に人があまり行きたがらないところも見逃せません。ヤブが濃い場所で、みんなが対岸からしかキャストしない場所などがあったら、僕はヤブを漕いでても回り込めないか試みます。そこに行ってダイレクトに真上から攻めた方が、正確に狙えて中層でも誘えますよね。危険な場所では無理をしないことですが、手間を惜しまないことで釣果は変わります。

僕はバスがどこにいるか分からないときほど、「僕がバスだったらどこに着きたいか」と考えます。

その基準は居心地のよさ。「このよどんだ水にはいたくないよな」。「本当は上流に行きたいだろうけど、まだ水温が低いから少し下がったこの辺で待機かな」。といった具合に。そこには、バスアングラーを警戒する気持ちも考慮します。あとは、エサ基準ですね。エサの存在は必ずチェックしますが、そのうえでどこに追い込んだら、もしくは待ち伏せしたら捕えやすいか。

そして、でかいバスはもう少しワイルドな方向に考えを振る傾向はあります。大きいバスほど基本的に個体として強いので、普通のバスでは躊躇しそうな、きつい流れの中にある岩の裏にポツンといて、よいエサを待ってそうだとか。冬でも浅めのレンジを狙うのもそうです。

バスを探すときにヒントとなるのは、経験プラスそのときの感覚。水中と空気中の条件には違いはあっても、同じ生き物ですから、快適な環境は想像がつきます。バスの気持ちになってフィールドを観察することで、過去の実績にとらわれ過ぎず、「今」釣れる場所を見出せることはよくあります。

◉エサ（ベイト）を知ることがバスへの手がかり

バスフィッシングにおいて、そのフィールドで食べられているエサを知ることはとても大切です。同じフィールドでも、季節やシチュエーションによってメインベイト（多く食べられているエサ）は変わりますが、特に霞ヶ浦のように広い釣り場ではそのバリエーションにも富んできます。

その時々に偏食されているエサがあると、バスが反応するルアーにも偏りが出ます。よりシビアになるとルアーの色でも反応が変わることもあって、そこまで詰めないとダメな状況もあります。

ですが、まず重要なのはそこにエサがいること。以前に、雑誌で高滝湖のバスの腹の中を調べる企画を行ったとき、イメージでは、特に本湖のバスはワカサギを主食にしているだろうと思っていたのですが、実際には本湖で釣ったバスの胃袋からはなかなかワカサギは出てこなくて、エビやゴリが大半でした。今思えば、ストラクチャーに居ついているバスを釣っていたため、周りにいるのはエビゴリだったのでしょう。ワカサギを追っていたバスはオープンウォーターを泳ぎ回っていたと思います。一方、バックウォーターのバスからはカエルや虫が出てきました。**なるほど、バスは生きていくために、その場所で捕食しやすいベイトを食べているんだなと確認できましたね。**

一方で、選り好みも絶対にあります。それが味なのか栄養なのかは分からないですけれど。経験上、多くのフィールドで主食になっていると思うのは、エビとゴリ。沢山いて、捕えやすくて味もまあまあ!? 他に、いると偏食するのが、ワカサギやアユ。さらに限られるけどニジマスのようなトラウト類。美味しいご馳走のイメージです。シラウオやブルーギル、そしてザリガニも、フィールドや時期によってはメインベイトになっています。カエルも水辺に多いフィールドでは好んで食われていますね。**人間が食べて美味しいと感じる物は、バスも好むと感じます。**美味しいものを知ってしまうと、それに執着する。また、虫も、水中のエサに乏しいフィールドや、体力の弱いバスにとっては欠かせない食料です。

でもその反面、霞ヶ浦水系でもたくさん群れているイナッコ(ボラの稚魚)は、水面で無防備にパクパクやっていても、バスに食われない。食べられていれば、ノドの奥から尻尾が出ていることがあってよさそうですが、過去に2回しか見たことがありません。どこにでも居そうなフナも、エサとして意識することはほとんどありません。しかし、特例的にこれらがメインベイトになっているフィールドもある。大江川では、イナッコに何度もボイルしているのを目にしましたし、吉野川の支流では、コブナの群れにバスが突っ込んでいました。

霞ヶ浦水系で、バスがブルーギルを食べていると感じたことはありませんが、房総リザーバーではメインベイトになっていますし、ため池でも主食になっているところは多い。霞ヶ浦のようにエサとなりうる様々な生き物がいると、その中で優先順位が生じた結果、ギルはメインベイトに成り得なかったのだと思います。もっと美味しいエサを知らず、ギルが一番身近で食べやすいフィールドであれば、そこではギルがメインベイトになる。

ただ、バスも新しい味を覚えると、そっちに心変わりするケースはあります。もし、これまでワカサギがいなかったフィールドにワカサギが放されたら、バスもハマるでしょう。美味しいエサはバスの習性をも変えます。岸際でカエルやザリガニを食べていたら、もちろんバスはシャローに執着します。岸近くが狩り場です。でもワカサギが入ってきて、美味い！と分かると、そのワカサギが沖に出てしまう時期は、岸を離れて生活圏を沖へ移してしまうバスが増える。それくらいエサの存在が一番だと言うこと。**そのフィールドのバスの習性、着き場を変えてしまうほどの力がエサにはあります。**だからこそ、そのフィールドで食べられているエサを、ルアーセレクトや釣法に反映させることはとても大切です。

実際の釣り場に着いたらまず確認したいのは、エサの有無とその種類。エビやゴリ、そして稚ギルといった目にしやすいベイトから、カエルのように陸地にいる生き物。正体までは分からずとも、水面に小魚の波紋が多いなど、生命感があることです。実績場所だとしても、バイトもなくエサもいないとなると、納得して見切れます。逆にアタリが遠くても、エサがこれだけいるならバスもいるはずだと、粘る判断にもつながることもあります。

もしダイレクトにエサが見えなくても判断材料になるのが鳥の存在です。魚を食べない鳥では参考になりませんが、鵜がダイブしていたり、シラサギが待ち構えているときは、エサがいる証拠。特に、人を警戒して一旦は離れても、また戻りたそうに執着しているところは間違いありません。ただし、その距離感に注意する必要はあります。沖なのか岸際なのか。もし沖で鳥がエサをとっていても、キャストが届かない距離でしたら、むしろオカッパリには向いていない状況だと捉えます。ベイトの存在や鳥などを常に観察しながら釣りをすることが、バスを探す近道になるのです。

さて、そのフィールドに美味しくて数が多く、旬となるエサがいるとしたら、ルアーや演出をそれに近づけていくこと。例えばエビ食いだったら高比重ワームのノーシンカーリグは定番ですが、着水直後に水面をピンッピンッと飛び跳ねて逃がしてから、ラインを緩めてスローフォールさせる、なんて演出もしてみる。

シャッドテールワームでも、ただ投げて巻くだけではなくて、岸に向けてスキッピングし、間髪入れずに巻き始める。水面を跳ねながら逃げていく小魚がカベに追い込まれ、方向転換して泳ぎ始めた直後に食われるイメージです。

カエル食いだったら、カエルタイプのルアーのみならず、ジグにポークやホッグワームをセットしたものも用います。岸際に着水させたら、フリーフォールさせず、飛び込んだカエルが水中をグイッグイッと泳いでいくように誘いながら逃がしてくると、引ったくるように食ってきます。

単に食べているエサにルアーを似せるだけでなく、バスから逃げようとするエサの動きも演出することで、捕食本能にスイッチを入れられることが多々あります。普通には騙されてくれない、ルアーを見切る能力の高いバス相手には、こういった複合技を持って挑みます。

最近見聞して衝撃を受けたのは、水中に住むミミズがいることです。知り合いの編集者のブログで、川底に潜っているミミズの写真とともに観察記録が記されていました。

ストレートワームはミミズっぽいシルエットですし、ミミズは釣りエサとしては昔からある最たる物ですが、水中にミミズが住んでいるという認識はありませんでした。せいぜい、大雨などでミミズが流れ出てくることがあって、バスに食われることもあるだろう程度に思っていました。しかし、そのブログを拝読した今となっては**「ミミズは日常的にバスに食われている」と信じるようになりました。**もちろん、フィールドにもよるとは思います。さらに、土泥っぽい場所を好むイメージとは裏腹に、流れのある川の砂利質にも生息しているのはさらなる驚きでした。それこそ、リザーバーのバックウォーターのような環境です。

近年、ストレート系ワームでミミズカラーが釣れるとして流行っています。その理由には諸説があり、バスが見つけやすい色だからとも言われていますが、このブログによって、ダイレクトにミミズを食べているからだと思うようになりました。逆にいうと、ストレートワームでもミミズをイメージして使うシチュエーションでなければ、他にもっと適した色があるとの考えにもいたります。

一方で、本物のエサでさえ、食べるのを躊躇っているシーンを目にすることもあります。理由はプレッシャーによるところが大きいと思います。ルアーに対するバイトも、以前ほどワイルドにガバッと食ってくる本気食いが減り、迷ったうえでついばむような疑い食いが増えていることを感じます。

だからこそ、逃げる動きを演出したり、スピード感で見切らせないなど、リアクション的な衝動を引き起こすことで、瞬間的にでも強く反応させることも心がけています。

◉霞ヶ浦水系の岸釣りシーズナル

たいていのフィールドは、2日間あればおおよそ全域をチェックできますが、霞ヶ浦水系ではまず無理です。本湖の大きさもさることながら、霞ヶ浦水系と呼ばれるエリアには56本もの流入河川があり、さらに広大な流域面積に対してバスの魚影は決して濃くはありません。さらに人気フィールドゆえ、バスはルアーを見慣れていて賢い。フィールドの広さ、魚影の薄さ、バスの賢さという要素が、霞ヶ浦水系の攻略を難しくする理由です。

その反面、広さと多彩なシチュエーションのおかげでなんとかなるのも事実。**タフな状況でもどこかでなんとか釣れてくれる、つまり正解がある。霞ヶ浦水系で釣れない日はないとも言えます。**

例えば山深いリザーバーでは、オカッパリができるのがバックウォーターだけというフィールドもあります。この場合、その日にバックウォーターにバスが上がってこなければやりようはありません。河口湖や西湖のような山上湖でも、バスが沖へ出てしまうともうお手上げ。

ただやはり霞ヶ浦は釣り場として広いので、かつてのように闇雲にルアーをキャストして釣れることはなくなりました。シーズナルごとのバスの動きをもとに、釣りをする条件をある程度絞って挑むことが大切です。

たとえば春なら、早い段階ほど越冬場に近いエリアから。そして、エサとなるシラウオやワカサギが接岸する風向きや地形を意識します。シラウオはいれば目視できるので分かりやすい。

夏であれば暑さを逃れられる場所、つまり涼しげに流れる流入河川やインレットは絶対定番。逆に冬ならば、周りより水深があり、波風の影響が抑えられる安定水域にバスが集まります。

霞ヶ浦水系はバスの魚影が薄いとは言っても、エサもバスも季節ごとの特定条件に合わせた行動を逆手にとることで辿りつけます。ただ、バスを縛りつける要素が薄い秋が、釣りをする場所の選択において一番難しくなります。

先に記述しましたが特に霞ヶ浦水系は広いので、際立った変化からポイントを選ぶことが重要になります。流入河川では、本湖との合流付近や上流。広くて浅い本湖では、ワカサギやシラウオがメインベイトになっているタイミングなら波風が当たる面が狩り場になりますが、それ以外においては、底荒れしない程度の波風にある、ブッシュカバーなどをラン&ガンします。しかし、水深がある水門においては強い波風への耐性があり、むしろ格好の捕食場になっていることがあります。越冬場となると、逆にそれを避けられる場所。代表的なのは消波ブロック帯ですが、他にも、沖側に石積みがあって、なおかつその石積みから岸側にかけて、水深がある程度深いところなど。**もし自分がバスだったら、ここは捕食しやすい、居心地がよいだろうなと思える場所を考えていくことです。**

◉冬を基準にバスを動きを考える

霞ヶ浦水系のシーズナルをより具体的に掘り下げていくと、**春を攻略するには、まず冬からの繋がりを考えます。** バスの越冬場として適した条件は、水深の浅い霞ヶ浦水系の岸沿いでは深い方となる水深2メートルほど。それでも冷え込みの影響を十分に受ける水深ですので、しっかり身を隠せるものがあること。冬にバスが好むストラクチャーを挙げると、消波ブロックや沈みオダ、沈船が代表格。冷たい波風を避けられる高さと、なおかつバスが入り込める隙間があるタイプです。おまけにエサもそういうところに集まります。しかし、朝イチや日没前には外に出てきたりシャローに上がる食い気のあるバスを狙うこともします。同じ冬でも、水深のあるリザーバーなどに比べると、浅い霞ヶ浦水系に住むバスの活性は著しく下がります。タイトに狙い、時間をかけて誘う丁寧な釣りを心がけることと、一時のフィーディングタイム（捕食時間）を捉えることが釣果を左右します。

このような冬にバスがいる場所からの繋がりで春を考えれば、深いところから少し浅場へ上がったところにある「なにか」に注目します。これはブッシュカバーでも水門でも、ハードボトムの地形変化でもいいのですが、越冬場に隣接した変化を意識して釣っていくこと。加えて、本湖では波風に寄せられたシラウオが接岸しているのが目視できたり、シラウオやワカサギを狙う鳥が多いといったことに着目するのが春の考えです。

水温15度を目安に、バスがスポーニングに入っていきます。霞ヶ浦水系ではおおよそ4月中旬から5月一杯が盛期となります。スポーニングエリアとなるのは、日当たりがよいハードボトムで波風を受けにくい場所。スポーニングを終え、回復傾向にあるバスから順次、水通しのよいエリアを求め、流入河川や本湖の沖へとポジションを移す。オカッパリにおいては流入河川で捉えやすくなります。

このタイミングの初期はバスのサイズもよく、ルアーへの反応も比較的フレッシュ。時期的にエビやゴリ、カエルなどのエサも岸沿いに多くなってきます。水温も10度台後半から25度くらいまでに推移し、適水温へ。**一年でもっとも釣りやすい時期に入ります。それが霞ヶ浦水系の5月〜6月の釣りですね。**

7月に入ると夏らしさが本格化し、8月に入ると水温30度を超える日がありピークに達します。水温が上がるほどバスにとって快適なエリアも限られることから、狙いどころは絞り込みやすくなる半面、高水温化によってバスが積極的に捕食する時間帯が短くなり、フィッシングプレッシャーも蓄積されていくことから、やや釣りにくくなってきます。

そして秋。水温のピークが過ぎ、秋が深まっていくにつれ、「涼」を求めて集まっていたバスがどんどん散っていきます。オカッパリ目線だと、これまで岸沿いにいてくれた捉えやすいバスは、日ごとに減っていきます。ひと言で秋といっても、夏に近い秋と冬に向かう秋ではバスの居場所が変わってきます。おおよその目安ですが、9月はまだ夏の気配が色濃く、少しずつその傾向は薄れていくものの、10月中旬くらいまでは水通しのよさを好むバスがいる。しかし、それ以降は水温が下がるほどに、流れは緩く、適度な水深があり、波風を避けてくれる安定水域、すなわち「暖」を適える条件が優勢になってきます。

流入河川からは、冷え込みや雨で濁流になるたびにバスが抜けていきます。10月中には完全にバスが抜けてしまうところと、晩秋～初冬まで残るところ、そして少ないながら越冬場として機能するところに分かれます。早々にバスが抜けてしまうのは、水深が浅くて狭い水路。冷え込むと一気に水温が下がる環境です。しぶとくバスが残ってくれるのは、最深部で1・5メートルほどの水深があり、川幅も狭すぎないこと。両岸の土手も高さがあると、風の影響を受けにくくなるのでより好条件となります。

冬でもバスが残るのは、1・5～2メートル以上の水深があって水域的にも広いか、霞ヶ浦と水では繋がる流入河川ではあるものの、水門が閉じていてバスが本湖に出られない閉鎖水域です。閉鎖水域は、絶対にバスがいることから、困ったときに頼りになります。ただ近年は、暖冬で季節感がボヤける年もあります。そうなると、冬になってもシャローに残るバスが意外と多かったり、12月でもトップウォーターやサイトフィッシングで釣れた日もありました。先ほど10月中旬と記した季節の変り目も、今は一応の目安程度とし、**むしろ肌感覚で、「今日は暖かいから少し季節感を巻き戻してみよう」といった具合に柔軟に考えるようにしています。**

暖冬だと釣りやすいかというと、そうとも限りません。バスが越冬場に集中しないことから、可能性のある場所が増えて絞り込みにくい。バスの魚影が薄いままにけっこうな低活性という、ややこしい状況を経験しました。やはり冬は冬らしく寒い方が、やるべき場所とルアーが絞られ、釣りやすい部分もあります。

水中の季節感を知るうえで、基準の一つとなるのが水温。必ず毎回測るわけではありません。**季節の移行期にその進行具合を知るためや、エリアの良し悪しを判断する材料になるとき、水温を測るようにしています。**早春は、バックウォーターにバスが上がるかどうか？　本湖や下流域と上流域との水温差は気になるところです。上流からの水の方が冷たいうちは期待薄ですが、暖かい雨で水温が逆転すれば一気にバスが上がります。春は、水温15度を目安にスポーニングが本格化すると、捕食の要素が薄れたり、着き場も変わってくるため測ります。

冬は、12月に入り、水温一桁になってくると冬を強く意識するので、越冬場所へと狙いをシフトする目安とします。霞ヶ浦水系であれば、最低水温に達するのは1月に入ってからで、4度台にまで下がり、2月の途中から上昇へ転じます。

季節は抜きとしても、雨が降ったときに、プラスの雨かマイナスの雨かを判断するにも水温を測ります。雨の温度は気温と近いとして、水温よりも冷たい雨はマイナスに働くことの方が多いです。高水温な真夏ならまだしも、水温が下がることは、基本的にはバスの活性を下げます。

確かな判断をするためにも、水温計は持っておきましょう。

◉霞ヶ浦水系を攻略する岸釣り思考

霞ヶ浦水系の攻め方では、基本的には一ヵ所で粘ることはしません。特定の場所にいれば、いつかバスが回ってくるようなことはなかなかないからです。大抵はその状況下で条件がよいと思えるスポットを、次から次に回っていくことが釣果に結びつきます。**フィールドの広さに対してバスの個体数は少ないので、自ら動いてバスとの遭遇率を高めています。**

例えば夏であれば、バスが上がってきているであろう流入河川や、本湖であれば水が出ている水門のように、水通しのよい条件に絞って回っていきます。バスが着きそうなスポットのみを探ったら次へ移動、といった具合なので、1日で霞ヶ浦（もしくは北浦とその周辺エリア）を一周してしまうペースです。同じような回り方をしているアングラーも多くいますが、攻め方が異なったりタイミングもあるので、他人はあまり気にせず、そのときのバスが好む条件をテンポよく、かつ丁寧に釣り歩いていきます。

霞ヶ浦水系は広いので、霞ヶ浦方面と北浦方面のどちらかを選んで回ることがほとんど。2日あれば、1日ずつとか。北浦周辺には、鰐川や外浪逆浦、北利根川に常陸利根川、そして与田浦も含まれ、どちらも広大な水域です。

霞ヶ浦方面と北浦周辺を比較すると、それぞれ特色があります。北浦周辺のエリアの方がオカッパリの好スポットが多く、本来はバスの魚影も濃い。「本来」と付け加えたのは、塩分濃度が上がっているのか？　シーバスのような他魚種が増えたからか？　バスの個体数の減少を実感しているからです。北浦本湖に注ぐ流入河川は水路のような小場所が多い一方で、北利根・常陸利根川や与田浦といった別水域もあるので、多様性に富んでいます。

一方霞ヶ浦方面は、オカッパリでの有望スポットは飛び飛びながら、土浦周辺には霞ヶ浦水系最大の流入河川である桜川を含む、5本の有望河川が集中しています。本来の北浦周辺と比べると、数は釣れないものの、サイズは霞ヶ浦方面の方がいくらかよい。霞ヶ浦水系では稀な50アップとなると、北浦方面ではまだ釣ったことがないのですが、霞ヶ浦方面では複数本仕留めています。

どちらにしても、バスの個体数は減少傾向にありますので、釣ったら元気な状態でリリースすることが、今後もバスフィッシングを楽しませてもらううえで大切です。

さて、30年以上前から霞ヶ浦水系で釣りをしていると、フィールド環境に変化もありました。それこそ当初は、ウィード（水草）が生えているところもそこかしこにありました。しかし、数年もしないうちにすっかり見なくなりましたね。流入河川にウィードがなびいていたのは小学生時代の懐かしい記憶です。北浦の方が、その後まで生えていました。

リップラップ（石積み堤防）が花室川の河口にできたのは中学生の頃。すぐにバスが居着いてガンガンに釣れました。今思えば、花室川と備前川に挟まれた立地条件に加え、周りより水深もあったので、いいワケです。現在は、こういったリップラップは本湖のいたるところに設置されており、狙うには多く、広すぎる。一部の立地条件に長けるところのみ、狙うことがあります。オカッパリにとっては、岸からやや離れた適度な水深かつ波風を避けれるストラクチャーゆえ、バスがそこに居ついてしまうことで、かつてより岸に寄りにくくなった理由のひとつではないかと思っています。

他にも、かつてよりは岸際の水深が土砂の堆積により浅くなったことや、アシが減少したことも挙げられます。だからこそ、他より水深のあるストレッチを知ることや、風でベイトフィッシュが接岸するタイミングで捉える重要性が増したとも言えます。

霞ヶ浦水系のほとんど、特に本湖ではバスがいないゾーンの方がはるかに広い。バスがいるのは全水域の1割にも満たないのでは？と思えるほどです。昔はそれこそゴロタ石が広がるエリアなんかでテキトーに投げても釣れましたが、今はそれをやっていたらバスとの遭遇率は限りなくゼロに近そうです。

ルアーやテクニック云々より、バスのいる場所を選ぶことが第一です。

霞ヶ浦水系は全体的にオカッパリしやすいフィールドですが、それでもその時期の有望エリアとなると釣り人も集中します。しかし、それを理由に有望エリアを避けて釣りをしてしまうと、バスがいないところで釣りをしてしまう可能性が高い。人が気づきにくい、人が行きたがらない理由で攻められていないならむしろよいのですが、妥協した場所にはバスもいないのが現実です。先行者がいた場合、割り込まずに適度な距離感をとって釣りをするのはもちろんですが、一声あいさつをするのもいいですね。どうしてもソコ！なピンポイントであれば、タイミングをズラして入ります。

その一方で、広い霞ヶ浦ですから、もしかすると自分でも気づいていない好スポットがまだあるはずだと、開拓する気持ちを忘れないようにしています。

場所移動するときには、やや遠回りになるとしても湖岸沿いを走る。新たなカバーができていることがあったり、風向きや水位によって今なら居そうなスポットが生まれていたり、かつてはなんとも思わなかった場所でも、今の視点で見ると閃きがあるかもしれません。他のアングラーが釣っているシーンを目撃して「ここ釣れるんだ！」なんてことも!?

それまで釣った経験のない場所でも、「なんかココいいな」とふと気になって、車を停めて数投するかどうか。**その積み重ねがフィールドの理解度を深め、場所の持ち駒を増やしてくれるのです。**

◉霞ヶ浦水系を再開拓

霞ヶ浦水系は、数が釣れるワケでもロクマルの夢があるワケでもありませんが、やっぱり好き。広いエリアにはいまだ未知な部分も多く、飽きません。もっと釣れて欲しいとは思いますが…仮によく釣れても狭いフィールドだったら新鮮味がなくなり飽きていると思います。個人的には一通り全域を釣り歩いているのですが、そのときピンとこなかったエリアや、よさそうな場所でも数回挑んで釣れないとなると、立ち寄らなくなってしまう。そのとき釣れるかどうかはタイミングや運もあるので、開拓には見落としもあるのです。

自分も含め、釣り人は最初の印象に大きく影響されます。たとえば、新しいルアーを買ったとして、それですぐにバスが釣れると、「このルアー釣れる!!」と好きになりますが、何度か使って釣れなければ、釣れないルアーとして認識していってしまう。もちろんそれは相性もひっくるめ正しいかもしれませんが、いいルアーなのにたまたま釣れないこともあるのです。僕であれば、ウルトラバイブスピードクローがそうでした。イマイチ釣れず、欲しいという人にあげてしまったのですが、いやいやあんなにいいワーム、今より釣れていた当時になんで釣れなかったんだろう? なんて。

釣り場開拓にも同じようなところがあって、よさそうと思ったところには、根気よく釣り込んでみないと分からないこともあります。他人は釣れるというのに、自分には釣れないところなんて、巡り合わせによるところもありますから。

通い慣れたフィールドでも決めつけをせず、常に居場所を探していくつもりでフィールドを見ていくことで、より精度の高い自分だけのフィールドマップが仕上がっていくはずです。僕も東京から茨城に拠点を移したことを機に、あらためて霞ヶ浦水系を開拓しようと目論んでいるところです。

シーズナルとは反する考えですが、そもそもシーズンを問わず、常にバスが居着いているエリアもあります。あらゆる季節に対応できる適度な水深と水の動きがあり、強風や冷え込みといった外的要因に強いこと。そして、エサを通年ストックするストラクチャーも備えている環境です。

実例を挙げると、北浦の水原エリアはまさにそう。約2キロにわたって交互に組まれたリップラップは多方向からの風に対応しつつも、隙間から湖流が入り込むので水も循環する。おまけに常に水を出す水門もある。リップラップの内側でも1・5メートルほどの水深を有す部分があり、石積みやフィルターユニット（網で包まれた石）はバスのみならず、エビやゴリの格好の住み家。また、岸際も1メートル以上の水深があるので、足元のエグレも有望です。こういった安定して魚影の濃いエリアは、得てしてビッグサイズは期待できないものですが、バスの居場所が掴めないときや極端に食い渋る状況において値千金の一尾をもたらしてくれたり、時間をかけてやり切ることで、複数尾を絞り出すことも可能とします。

◉リザーバーでのオカッパリ攻略理論

山間の河川をせき止めて作られたリザーバーはいわゆるダムなので、基本的には急深で岸沿いは急傾斜。水辺に立てるところが限られ、オカッパリとしてはバックウォーターといわれる川筋がメインになることがほとんどです。夏場であれば流れを求めてバスは高い確率で川筋にいますが、時期や日並みによっては全くいなかったり、日没前になってから上がってくる日もあります。霞ヶ浦水系は釣れない日がないと記しましたが、リザーバーにおいてはバスがバックウォーターに上がってこないと、手の打ちようがない。また、リザーバーでは大きな水位変動によって、釣りができる範囲が広くも狭くもなるところもあります。

フィールドタイプとしては、個人的にはすごく好き。小魚を激しく追い回すボイルがあったり、サイトフィッシングででかバスと対峙したりと、エキサイティングな釣りを味わえるのは、浅く、流れがあり、水がクリアなシチュエーションならではですね。

同じリザーバーのバックウォーターにいるバスでも、小魚を追いかけまわすバスもいれば、流れてくる虫を食べているバスもいる。中にはコイと行動をともにして、コイがボトムをまさぐったおこぼれを狙う個体もいます。**バスが見えるのであれば、どういう嗜好なのかを観察しながら釣ることが大事です。**

例えば小魚を捕食しているとすると、大抵ボイルが起きる場所は決まっているもの。リバーチャンネル（水中の川筋）が浅瀬に切り替わる部分や、流れを遮る岩の裏やヘコミにできる反転流、滝のように水が落ちているすぐ横に身を隠して待ち伏せします。バックウォーターではオイカワやハスといった俊敏な小魚がメインベイトになるため、普通に追いかけても逃げきられてしまう。そこで、待ち伏せして不意打ちし、岸や水面といった行き止まりに追い込みやすい条件下で狩りをするのです。

しかし、そういった俊敏な小魚を追う体力のないバスは、虫やカエルといった捕食しやすいエサに傾倒します。他にも、ボトムや岩陰にいるエビやゴリ、そしてミミズも食べられているでしょう。浅くて水がクリアなシチュエーションは、そういった観察からルアーや釣法に反映し、バスの反応も見えるのが面白いところです。

釣りができる範囲も、その中でバスが捕食するスポットもある程度限られているのがリザーバーです。

広い範囲を移動してバスをかき集めていく霞ヶ浦水系のようなフィールドとは異なり、限られたエリア内でタイミングを変えて入り直したり、アングラーも気配を殺してそこでボイルが起きる瞬間を待ち構えたり。ただそうやって狙っているにもかかわらず、不思議とルアーを結び変えているときなどにボイルは起こります。まるでバスが釣り人の行動を察しているとしか思えないことも、多々経験しています。

リザーバーでのオカッパリで注目すべきは、バスがこれ以上、上がれなくなる最上流。浅瀬から最初に深くなるところ。川が蛇行するベンド部など。これら際立った地形の変化に加え、そのときバスが好む流れの強さも意識しつつバスを探していきます。

ボトムまで見える水深でバスをダイレクトに探せるなら、それがもっとも効率的。しかし、見つけたときには相手も警戒して逃げてしまう場合は、ディスタンスをとったロングキャストで、あえて見ずにアプローチした方が、好結果につながる場合もあります。上流域は流れも強めであることが多いので、流れを遮るブッシュや岩の裏、ヘコミ地形は要チェックです。

意外とあなどれないのが、砂地のボトムにあるくぼみに、落ち葉のような堆積物が溜まって黒くなっている部分。そこにバスが潜んでいることがあります。バスがボトムに同化して見えにくいこともあるので、そこは注意深くチェックします。堆積物の中にはエビやゴリもいるし、バスはじっと潜んでいて小魚がきたら襲いかかります。

バックウォーターにおいて基本となるアプローチが、流れに乗せて、狙ったスポットにルアーを送り込むドリフト釣法。流れの速さを読んで、狙ったスポットにより自然に送り込めるようになると、食わせられるバスは確実に増えます。そのとき使うリグはネコリグが代表的ですが、流されつつも流され過ぎない、流れの強さに応じたシンカーウエイトを選ぶこともコツとなります。他のリグやルアーにおいても、流されることを想定して着水点を決めます。見えバスをスピナーベイトで反応させるスピナベサイトにおいても、下流に流されながらのカーブスローロールでバスの目前を通せるかが、成功率を大きく左右します。

さて、バックウォーターは基本的に上流部ほど浅いので、そこまで上がってきていないとなると、次はそこからの最初の深みをチェックします。もし、その深みにもまだいなかったら、もう一段階下の深いところと、段階的に追っていきます。

上流域にバスが見えなければ、「ならば今はここで待機しているかな」とか、最初の深みで釣れたなら、「ここまで来ているなら午後は上がってきそうだな」とイメージすることで、フィーディングタイムの食い気のあるバスを捉えることにつながります。

ボトムが見えない水深においては、陸上の変化に着目します。**リザーバーは「地形を釣る」のが基本。**リザーバーに限らずナチュラルなフィールドでは、バンクの景色から水中の様子を連想しやすいからです。基本的には、岸の傾斜がなだらかなら沖も浅く、傾斜がきつければ急深ですから、傾斜の角度が切り替わる部分は水深の変り目。崩落した形跡があれば、その前のボトムには土砂がなだれ込み、高確率で木が沈んでいます。他にもボトムマテリアル（地質）の変化や、岬やシャローフラットの張り出しなど、陸上の変化から水中の景色を想像し、釣るべき場所を絞り込んでいきます。

陸上の変化をヒントに魚探をかければボトムの地形も一発ですが、オカッパリでは実際にキャストしながら実際の様子を探ります。沈んだ木の高さと範囲はどれくらいか？ 陸上から続くスタンプ（切り株）はどの辺まで入っているか？ といったことは、手元に伝わる感触で確認していきます。しかし、その作業をその都度していては効率が悪いので、スマホのＧＰＳアプリに登録しておくと便利です。そのとき、岸からの距離感も記入しておくといいですね。

リザーバーでの注意点としては、岸の傾斜がキツいところもあるので、ムリをしないこと。そういったところこそ、足元から深いです。そして、思いのほか崩れやすい岩もありますし、落石が起きるフィールドも。くれぐれも各人で安全に留意しながら釣りをしてください。

◉川のオカッパリは「流れ」に注目

リザーバーのバックウォーターもある種の川ですが、それとは異なる全域「川」としてのフィールドで気にすべきは、大水による影響です。地形が変わったりブッシュのようなカバーが流されるだけでなく、バスも流されます。特に近年ではその頻度も流量も増大しており、バスが生息する環境が過酷になっています。

そうした中で、僕がエリアチェックをするときには、大雨によって急流化した場合にバスが留まれるか。避難できる環境があるか。大水への耐性があるエリアに着目します。

例えば遠賀川や小櫃川などがそうですが、長い川の所々が堰で区切られているタイプ。一度下流へ流されてしまったバスは元のセクションに戻れません。よって、ブッシュが豊富であったり、水路やワンドがあったりと、大水になっても避難できる環境に恵まれているセクションは魚影が濃い。逆に、ストレートな地形でカバーにも乏しいセクションからはほぼいなくなってしまいます。

とは言え、流された先の下流域が必ずしもバスが多いとは限らず、それこそ最後は海に流れ出してしまう川もあります。こういった点において、霞ヶ浦やリザーバーのように、下流でやり過ごせるフィールドは、大水によってバスが減らない環境です。区切られた川でなくとも、大水への耐性によって魚影は大きく左右されます。地形変化に富み、岸沿いに自然が多く残っている川が理想的ですね。

実際に川を釣るにあたっては、エリアごとの流れの強さをチェックします。これは経験値によるところになりますが、**季節感やその日の天候に応じた、バスにとって居心地がいいなと思える流れ加減から、その範囲内にあるカバーや地形変化などの「着き場」を探っていきます。**

さらに、一見居辛そうな強い流れであっても、大岩の裏や、流れを遮るヘビーブッシュなど、流れを遮りつつエサを待ち伏せられるスポットに潜んでいるバスの方が、食い気があったり、大型の個体であることは傾向としてあります。

川の全域をざっくり把握し、その中から有望な変化をピックアップするには、航空写真が便利。川沿いを車で走れなかったり、土手や草木で視界が遮られている場合も多いのでなおさらです。上空からの画像なら一目瞭然。蛇行していたり、川幅が狭くなっていたり、浅瀬や水中堤防もボトムが透けて分かる。そして、流れの強弱もイメージできます。霞ヶ浦のようなほぼ全周護岸されているフィールドと違って、自然が残されている川を全部ヤブを漕いでいくことはムリがある。航空写真で当たりをつけてから突っ込むことで、精度も効率も格段にＵＰします。

そしてもうひとつ必ずチェックするのが、所々にかかっている橋。橋の下は常にシェードになっているし、橋脚の周りは水流で深く掘れていたり、流されてきた枝などが堆積していたりと変化に富みます。バスの家的な起点となっていることも多く、橋の周辺は魚影が濃いこともよくあります。おまけに、橋の上から一望できるので、実際の雰囲気も掴みやすいです。

◉流れを利用したアプローチ

さて、実釣においては、**流れのある川ではバスが上流に頭を向けていることとイメージしてアプローチしていきます。**釣り人は下流側、すなわちバスの後方から歩いていった方がバスの視界に入りにくく、距離感を詰めやすい。ただ、そのルアーが持つアクションを引き出すには、流れに負けないように速く泳がせないといけない。流れが速いほどスローに誘えなくなり、アクションも緩慢になりがち。また、ルアーがバスの正面に向かって勢いよく泳いでいっては驚かせてしまいます。逆に、上流側からアプローチすると、バスの向く方向に釣り人がいることになるので気配を悟られて逃げられやすくなる。その代わりルアーは流れを受けることでゆっくり誘えたり、バスの後方から泳がせてこれたりと、それぞれ有利不利はあります。

これらは基本的なことで、実際には、下流からのアプローチでも斜め方向にキャストすることでルアーに水を絡ませながら、そしてバスの目前を横切るように誘ったり、上流からでは流れを利用して一点で誘い続けたり川をゆっくり横切らせたり、ときにはラインを送って下流へと流していったりと、流れを生かしたアプローチを心がけていきます。流れに乗せて誘うドリフトアプローチも、リザーバーのバックウォーターと同様有効です。バスの後方にルアーを入れて、そこから流されていってしまってはバスに気づいてもらえません。上流側から見せていくのが基本です。

また、魚には本能的に遡上性があるので、水温や流れの強さが適正であれば流れに向かって上がっていきます。それによって、堰や最上流などは上流を目指したヤル気のあるバスが溜まり、供給も期待できます。ただ、そういった一級場所は分かりやすいため、多くのアングラーが入れ代わり立ち代わりで狙います。こうなると、警戒したバスはベストスポットから一歩引いた辺りにいるのでは？ とも想像し、周辺のちょっとした変化にも目を配ります。人気スポットは攻め過ぎられるあまり、少し離れた辺りにバスが着くのはよくあることです。

流れは水中の地形も変化させるので、川の形や流れの強さから水深の変化や地質の想像がしやすいこと。そして、目に見える流れによって、バスの居場所を絞り込みやすいこと。さらに、流れによってバスの活性が維持されやすいこと。これらから、**比較的川バスは釣りやすいというのが実感です。**

川で釣りをする上での注意点としては、湖やため池と比べ、雨が降ると濁りやすいこと。雨による濁りは釣れない理由にもされがちですが、逆手にとることでチャンスにも転じます。局所的に濁流を避ける場所にバスが集中したり、日頃ルアーを見切る賢いでかバスが食ってくれるのもこんな日です。しかし、濁り始めはいいものの、時間が経過し、流れがさらに強くなって濁りも全域にまで回ってしまうと、バスも捕食モードより耐えるモードになってしまいます。その後は、澄み始めがチャンスとなります。濁流からの回復速度は、川の長さや底質にもよるので、行かれる川が濁流になってから元の水色に戻るまでの日にちを知っておくといいかもしれません。とにかく、濁ったら、岸際のシャローにボリュームベイトが鉄則ですよ。

ここまでは流れのある川について記してきましたが、大江川や五三川のように通常は流れがほとんどない川もあります。そういう川では水門の開け閉めによってゆるやかでも流れが出たときに、明らかにバスの活性が上がります。逆に、流れが止まっている間は食い渋る。

利根川水系や旧吉野川は流れのある川ですが、潮の満ち引きの影響を受ける「タイダルリバー」と呼ばれるタイプ。水位が上下動ともに流れの強さが変わり、逆流もします。水位の変動によってバスも居場所も変えますし、やはり、流れが生じていない間は釣りにくい。

このような、流れが常ではなくて、オンオフがある川は、その流れ始めを察知し、その流れが活きるスポットに入るなど、チャンスタイムを逃さないことで差がつきます。水位が上がればシャローカバーや水路内にバスが差してきますし、水位が下がってくるにつれて、岸際から離れていくのが基本です。水位によってバスが集まる場所を把握していれば、パターン的に狙って釣ることができます。潮位表から水位変動を予測しつつ、タイムラグもありますから、釣りをしながらも流れの変化を察知すること。バスの動きを予測して動けたら理想です。

川にも様々なタイプがありますが、もっとも注目するべきはやはり流れ。季節感とバスが好む流れのバランス感覚さえ掴んでいれば、いつ、どんな川に行ってもバスの居場所は想像できるようになる。それくらい、バスも流れを強く意識しているということです。

◉初場所を釣るときの心得

初場所で釣りをするときに、持っていくルアーの判断基準となるのが水の透明度。濁っているのか、クリアなのか、その中間なのか。水色によってチョイスするルアーがおおよそ決まってきます。おそらくルアーセレクトに一番影響をする要素です。

もちろん、そのフィールドにいるエサに合わせることも重要ですが、同じハードプラグでも濁っていてクランクベイト寄りなのか、クリアでミノー・シャッド系なのかなど。濁ったなかでの気づかせる要素が優先なのか、見切られやすいなかでのリアリティ優先なのか。ルアーカラーも同様です。

そして、**基本的には情報を入れません。**情報に頼って釣りをしてしまうとどうしてもそれに引っ張られて柔軟性を失うし、いいところ二番煎じである以上、地元アングラーより釣る可能性を捨てているようなものだからです。興味や目標的な観点で、僕が知りたいのは、そのフィールドにおける釣果の基準。どれくらい釣ったらイケてる釣果となるのか。ロコアングラーから見ても「ヤルな」と思ってもらえるような、ときには驚いてもらえるような釣果となる指針が欲しいと思っています。

そのフィールドでは、よく釣る人で1日何本くらい釣るか、サイズはどれくらいが壁なのかは知りたい。すると自分が釣りをしたときの釣果がどうだったのかという、自己評価にも繋がります。

そして、**いざフィールドに出て心がけているのは「盲点」を探そうとします。**それなりにそのフィールドでよく使われているルアーやメジャースポットなどを知っていた方が、より盲点を突けるとは思いますが、直接現地の釣り人に聞かなくても、メディアなどを見ていれば、映像や誌面で見た景色や釣り方はなんとなく分かります。例えば霞ヶ浦水系であれば、早春に風が当たる面で、ワカサギやシラウオを捕食するバスを狙ってビッグミノーやシラウオに似せたワームが定番化していることは、霞ヶ浦水系に来たことのないアングラーでも知っているのでは⁉

正直な話、僕が初場所や久しぶりの釣り場に行ったとして、そこで長年釣ってきている人や、毎週のように通っている人に情報の面で追いつくことは不可能です。だから情報を聞いてその通りにやるよりは、オリジナリティで勝負した方が出し抜ける可能性がある。むしろ、霞ヶ浦水系や房総リザーバーで培った釣法が、アウェイでは新鮮に効くこともあるのです。場所も、先入観なく自力で探した方が、スレていないバスに出会えるかもしれない。駐車場から遠いところ、行きにくいところこそ目をつけます。しかし闇雲にやっては時間も体力もムダにしますので、航空写真が役に立つのです。**どうすれば地元アングラーとは違う切り口を見出せるか⁉** それは釣法であっても場所であっても。差別化できたり盲点を突ければ、情報量では到底かなわない地元アングラーにも勝る釣果を出せるのです。

例えば、２０１３年の陸王で初めて訪れた遠賀川では、まだオカッパリからは開拓されていないスポットが存分に残されていました。航空写真から見ると、支流との合流点に間違いなく釣れそうなブッシュがあるのに道がない。背丈より高い草が密に生えているヤブも、この先にバスが待っていると思うと頑張れます。案の定、45クラスのグッドサイズが呆気なく釣れましたが、バスからすれば無警戒状態からの不意打ちだったはずです。さらに、アクセスしやすいブッシュでも、スナッグレスネコリグやスモラバのマイクロピッチシェイクにはグッドサイズが次々と食ってくる。霞ヶ浦水系で見出したフィネスなカバーフィッシングが、当時、遠征地では浸透していなかったことが幸いしました。
２０１９年に府中湖で開催された陸王レジェンドでは、バックウォーターで姿が見えるも、とにかく口を使わないとされたグッドサイズがスピナベサイトだけには反応し、片っ端から仕留めることに成功。結果、５本で6キロを超えた初日だけでウイニングウエイトに達していました。房総リザーバーで培ったこの釣法はすでに注目されつつあったものの、アウェイでは新鮮に効いた好例です。

面白いのは、アングラーと相性のいい「自分の魚」がいるということです。

キムケン（木村建太）でも大ちゃん（青木大介）でもタクミ（伊藤巧）でもカナモ（金森隆志）でも、それぞれ自身を象徴するような釣りのスタイルがあって、そのストロングポイントを落とし込むことで、どのフィールドに行っても確実に、そしてときに圧巻の釣果を上げている。その辺のついてはまた後ほどコラムで…。

トップウォーターしか投げない「トッパー」といわれる人に冬でも反応してくれるバスがいるように（もちろん、やり込んでいるからこそのスキルによるところも大きいですが）、バスという魚が個性豊かで、それぞれのアングラーと相性のよい魚がいてくれる。逆にいうと、人に負けない自信のある釣りを持つことは、どこに行っても戦力になるということです。

アウェイのフィールドに行ったときにまず試したくなるのは、自分ならではの釣法です。それがうまいことピタッと合致すると、地元の釣り人でもそうそう出せない釣果を出せる。言ってみれば、自分の釣りとそれに合うバスとのマッチングです。自分が地元の釣りを真似するんじゃなくて、みんなに真似される釣りをしたい。常にそうできるように心がけています。

◉時合いとの向き合い方

時合いは、あとから「あれは時合いだったな」と言うよりは、**積極的に「時合いだな」と狙っていくのが理想です。**結果ではなく進行形にする必要があります。

一番分かりやすく、必ず訪れる時合いは、言うまでもなく「朝マズメと夕マズメ」。日中の両端です。これは基本的に存在する時合いなので、僕は必ずこれを捉えるために朝ゆっくりとスタートすることもないし、日没前に早上がりすることもありません。特に朝イチは、誰かに攻め続けられていた後ではなく、フレッシュなフィールド状態で釣りができる唯一のタイミングです。

ではいつが朝夕のピークタイムなのか？　経験則では、明るくなった直後と暗くなる寸前までの両端30分がピークで、夜明け後と日没前の1時間内くらいはその恩恵があるといったところでしょうか。かすかに明るくなってきたタイミングではまだ早く、暗くなってしまうと、視界が利きにくくなるのか釣れなくなります。また、曇天時はその明暗の切り替えがはっきりしないので、マズメ時の恩恵も薄れますが、その分、比較的1日中釣りやすくなることは多々あります。寒々しいとダメですが。

朝マズメの時合いが特に大事なのは「冬」。いきなりその日の最大のチャンスタイムが訪れます。どんなに寒かろうと、朝イチの時合いはあります。また、1日で最も水温が上がる、14時〜夕マズメにかけても活性が上がる。水温が著しく低下する冬は、基本的にバスが活動停止に近い、感覚としてはもう半冬眠状態。だから近くにルアーがきても反応しない。そんなときこそ、一日のうちの貴重な短い時合いはむしろハイシーズン以上にバスは集中して食う。いま食べなきゃ！　と言う気持ちが強いのかなと思います。ハイシーズンであればそこまで時間限定でなく、エサを食べられるチャンスがあれば食いにかかるでしょうが、冬は活動時間が本当に短い。プレッシャーも加味してか、その傾向は年々高まっているると感じるほどです。だから冬は時合いで釣る。釣り方以上に肝心です。

夏もその傾向は強い方で、暑いので、活性が高まるのは朝イチと夕方になりがちです。ただ夏は、冬ほど活動停止に近いわけではありませんし、流れやカバーのシェードで涼んだりできるので、冬ほど極端に、絶対に食わないと言うほどにはなりません。冬のバスは本当に動かない。そのかわり時合いのときは、「なんだよ動けるじゃん！」とツッコミたくなるくらい、その瞬間は活発な反応を見せます。

マズメ以外に起きる時合いは、基本「変化」がきっかけになります。流れが止まっていたところから動き始めたとか、風が吹き始めたなど。そしてそのどれも、発生から時間が経過するとボヤけます。

流れや風はあった方がバスも刺激され続けていいですが、**時合いという意味ではやはり変化の始めのタイミングがベスト。**変化を察知したら、素早くよりよい場所に動いた方が、時合いのチャンスを活かせるはずです。

あとは、狙っては難しいですが、ボイルが起きた瞬間も時合いです。どうにも食わないバスでも、そのときだけは確率が格段に上がります。でもそれは本当の一瞬なので、とにかく手にしているタックルに付いたルアーを即投げる。その一瞬だけ、バスの活性がＭＡＸになっても、数秒後にはほぼゼロになります。だから一投で仕留めるべきで、ボイルが頻繁に起こるなら、食べられているエサのシルエットや動きをイミテートできるルアーを付けてそのときに備えます。そうでなければ仮にラバージグしか付いていなくても、それを投げる方がいいです。エサを追う方向を予測してキャストしますが、目を惹くようにスキッピングするのも手です。そして返す刀で、逃げるように泳がせます。

晩秋の霞ヶ浦水系にて、カバーを丁寧に探ってノーバイトが続いていたところ、流れが出たとたんに6連続バイトしたことがあります。しかし、迷った挙句に恐々と口にしたような甘噛みばかりで、一瞬は乗るもほとんどがバレる。プレッシャーも相まって口を閉ざしていたところから、流れで活性が上がって辛うじて食い気が上回る感じでした。

こんなときは、ボディの大半をフックが占めるスモラバのウエイトを軽くし、トレーラーもカットしてコンパクトにしたり、マスバリをセットした小さなワームにするなど、フックが口に入りやすいサイズ感や軽さにすることで、フッキング率を高められます。

このように、**わずかながらも活性がアップする「小さな時合い」も、確かに存在します。**

他にも、ずっと晴れていたところ、一時的に雲が太陽を隠しただけでも、シェードのないフィールドでは「今がチャンス」と思います。水の動きがない状況で、船が通って引き波が打ち寄せたときも、一時ながら食い気が出ます。

◉時合いを逃がすのか、捉えるのか

ひと口に時合いと言っても、そのときに当たれば入れ食いになるといったことは稀になってしまったのが現実です。しかし、それでも確かにある時合いをモノにできれば、冬のように9割の人がゼロで終わる中1～2本釣れる、といった差になる。**陸王の勝者となる人の釣りを映像で観ると、時合いを捉えた人が勝っていることに気づきます。**短時間にグッドサイズを固め釣りしている。他のアングラーを出し抜く釣果を得るには、時合いを捉えられたか否かにかかっているということです。

一日釣りをする中で、時合いとなりそうな変化に敏感になりましょう。そして、その時合いで活きる場所を意識的に狙っていくことです。場所選びにしても、キャストひとつにしても、誘い方にしても。一日ずっと集中力をピークにしておくのはキツいので、そういう変化のときに、自分の中でも期待感を高めて釣りをするのがよいと思います。

第二章

釣果に直結する
オカッパリタックル選び

岸釣りコンペティションで
磨き抜かれたタックルセレクトを公開。
ロッド、リールからライン、フック、小物まで、
すべてに確かな意図が存在する！

〈オカッパリのタックルセレクト ロッド編〉

僕がオカッパリで用意するタックルは、5〜6セット。レンタルボートやジョンボートでもこの布陣はそう変わりません。なぜかと言うと、**5〜6本でひと通りの釣りをこなせるタックルシステムが完成しているからです。**

僕はDAIWAで「ショアコンペティション」というシリーズを監修しています。そのシリーズは5本展開で、1本1本の守備範囲を広くすることで、ほぼ全てのルアーを扱える布陣になります。ただ、時期やフィールドによってこの5本ではまかなえない、特化したタックルが必要になる場合もあります。例えば「シャッドプラグしか投げない」といった専用タックルを欲する場合もあるので、5〜6本という表現になります。

5本の中で主軸となるのは、ベイトとスピニングそれぞれのバーサタイルタックルです。もっとも幅広いルアーを扱えるロッド・リール・ラインのバランスで組んだこの2本は、どのフィールドへも必ず持っていきます。結局、5〜6本に絞ったところで、そのすべてをオカッパリで持ち歩き、ルアーごとに使い分けることは無理があります。釣りのしやすさで言えばワンタックルで釣り歩くのが理想であり、それが2本になっただけでも、ちょっとわずらわしい。さらに3本となると、タックル同士が絡んだりとトラブルにもなるので、2本までが釣りを妨げない範疇だと思っています。

よって、用意した5〜6本の中から、その場に適した2本を選んでいけるかどうかも釣果を左右するのです。2本であれば、もう1本はロッドホルダーに差して携帯します。2本を手に持って歩くとなると、キャストのたびに1本を置いて、少し歩きながら釣りをしたら、また戻ってロッドを拾っての繰り返しになる。これではかなりペースが落ちてしまいます。バッグのベルトなどにグリップを通して携帯することも可能ですが、ズレてきたり心地悪かったりと、ベストとは思えません。ロッドホルダーはいくつか試しましたが、どれも交換に手間どる…しかし、そのストレスから、ノールックで素早くロッドを抜ける「クイックショットロッドホルダー」の考案につながりました。

タックルの装備については、オカッパリとボートでは携帯できる量も使用環境も異なります。本当はルアーやリグに合ったベストタックルでそれぞれの釣りをこなすのが理想的。ボートなら、足元に並べたタックルを、持ち替えるだけで済むことです。しかし、持ち歩けるタックルが限られるオカッパリではそうもいかないので、必然的にタックルに求める条件がボートとは変わってきます。分かりやすく言えば、ボートであればひとつのルアーやリグごとに100点のタックルで組むのを理想とするならば、**オカッパリはひとつの釣りに対して100点ではなくとも、幅広い釣りに対して80点平均でこなせる方が実践的である**ということ。バーサタイル性の高いタックルセッティングこそ、オカッパリでは重宝します。「スピニングで使うルアーはひと通りいける」、「ヘビーカバー攻略と、重めのルアーはハード、ソフトを問わずに扱える」、「ベイトフィネス系ならこの1本で」といった感じで、1本ごとに汎用性を持たせて揃えていきます。そして柱となる「ザ・バーサタイル」な1本は、それらのど真ん中を突いたセッティング。よほどのフィネスな釣り、かたやビッグベイトなどの両端を除いては、ワンタックルでこなせる1本は、快適にオカッパリするうえで欠かせません。

◉やや強めのベイトタックル

ワンタックルで釣り歩くのに欠かせない、最も幅広いルアーを扱える一本。扱えるルアーの範疇ですが、軽めは1・8グラムネコリグから、重めだとダッジやゾーイのような、30グラムを超える大きめのプラグまで。この範疇であれば、細かい専用性は抜きとして、ほとんどのルアーを網羅できることになります。

スペック的には、ミディアムパワーのベイト

ベイト、スピニングそれぞれのバーサタイルタックルを主軸に、強めのヘビーベイトタックル、軽量リグを扱えるベイトフィネスタックル、そしてムービングルアー専用のベイトタックルという5本で構成された布陣。ここにフィールドや季節、釣り方に合わせた特化モデルを加える場合もある

ロッドで、テーパーは、ファストテーパー（先調子）よりは、さらに深く曲がるレギュラーテーパーが「ザ・バーサタイル」と言えます。しかし、個人的には、それより若干硬めなミディアムプラスのモデル「ファイヤーウルフ」を監修しました。硬めにすることで重めのルアーもしっかりキャストでき、カバーフィッシングへの適性も高まります。すると一方で扱いにくくなる軽めのルアーへは、ティップ（穂先）はやや柔らかく、そしてそこから負荷に応じて曲がり込むテーパーにすることで投げやすく、繊細な操作性も備えました。また、オーバーパワーなロッドで軽いリグも扱うため、感度に優れる高弾性素材で感じやすくしました。

セットするリールですが、今のバーサタイルタックルの実現は、リールの進化によるところが大きい。より軽いルアーも飛ばせるようになり、バックラッシュもしにくくなったことで、ワンタックルで幅広いウエイトのルアーを快適に扱えるようになりました。ロッドが多少合わなくても、リールの性能で投げられてしまう。その転機となったのは、ＤＡＩＷＡのＳＶスプールの登場でした。それまでベイトフィネス専用タックルを必要とした1・8グラムのネコリグまでバーサタイルタックルで扱えるようになり、概念が変わりました。バーサタイルタックルに巻くラインは、13ポンドが9割。12と14のどちらにするかは、使用感と強度のちょうど分かれ目となり、これまで悩むことがとても多かったのです。**スティーズフロロにラインナップされた13ポンドで悩みは解消！　バーサタイルタックルの完成度を高めてくれた影の立役者といっても過言ではありません。**

◉ヘビー級バーサタイルベイトタックル

いわゆるビッグベイトと呼ばれるジョインテッドクロー178クラスの重量級ルアーを扱えて、カバージグやフロッグなどでヘビーカバーを攻略できるロッドもバスフィッシングには必要です。しかし、これら一つ一つは時と場合を選ぶ、出しドコロの限られる釣りなので、全てワンタックルでまかないたいところ。一方で、オカッパリではカバーに潜むバスですらスレているので、ヘビータックルとはいえ5グラムクラスの軽いラバージグや、ファットイカのような高比重ワームのノーシンカーも快適に扱えないと実践的ではありません。軽めのリグでも扱いやすい軽さと感度、そして重量級ルアーに負けない強さと粘り。本来、相反する要素を適えたのが、高弾性素材をスローテーパーにするという他のバスロッドにはない発想を具現化した「キングバイパー」というロッドです。硬くても負荷に応じて深く曲がるので、軽量ルアーでも投げやすい。高弾性素材でもクッション性に優れ、強度にも長ける。伸びのないP.E.ラインとの相性も良好です。

リールはバーサタイルタックルと同じように、軽いモノも投げられることに加え、パワフルな釣りに耐える剛性感や耐久性も欲しいところです。ラインはフロッグでのP.E.ラインを除いてはフロロの16ポンドが基準。これで切れることは滅多にありませんので、パンチングやビッグベイトをメインにするとき以外はほぼ固定ですね。

◉ベイトフィネスタックル

ベイトフィネスロッドとして監修した「ウェアウルフ」は、やや硬め。カバーの中まで攻められてこそのベイトフィネスですから、軽量リグを扱うとはいっても、カバーフィッシングに必要なパワー(硬さ)はゆずれないということです。軟らか過ぎると、フッキングが甘くなったりカバーに潜られやすくなり、バラシが増えます。また、繊細なティップ（穂先）を備えた極端な先調子といった破損のリスクが高まるタイプも、オカッパリでは無理なやりとりも強いられるために向いていないと思います。

ベイトフィネスとしてはやや硬めのミディアムクラスながら、全体的に曲がるテーパーのものが、必要な硬さと軽量リグの投げやすさを兼ねるはずです。そして、ベイトフィネスタックルこそ、高感度素材が絶対的に有利。スピニングであれば、軽量リグに適した軟らかさのロッドにラインも細いので、感度に特化した素材ではなくても十分に必要な感度は得られます。しかし、それを硬めのベイトロッドに太めのラインで扱うとなると、軽量リグの抵抗感を感じにくい。感じにくいと感じるためについ強く引っ張ってしまいがちになるため、操作性においても不利な条件になってしまいます。感じにくいものを鮮明に感じさせてくれる高感度素材が特に活きる釣りなのです。

DAIWA独自の素材「SVFコンパイルX」は、感度と軽さ、そして反発力に特化しています。その感覚を知ってしまうと、それ以外は高感度と思えなくなるほどです。

リールはベイトフィネス専用機を組むことで、よりスムーズに軽量リグをキャストできます。この釣りこそ、リールの進化によって生まれたメソッドといって間違いありません。**ベイトフィネスの先駆者である沢村幸弘プロによる、ＫＴＦチューンが施されたリールを初めて使ったときは感動すら覚え、この釣りの基準が変わったことを実感しました。**

ラインはフロロカーボンの10ポンドが、オカッパリベイトフィネスの結論。カバーの中を釣るのに８と10では強度に明確な差があって、８では余裕がない。ギリギリなのでムリが利かないし、防ぎようのないラインブレイクが起きてしまいます。カバーの中を釣るのに10ポンドは必要です。

◉ムービングルアー用ベイトタックル

ハードベイトの中でも、特にクランクベイトを扱うロッドは専用のものを用意します。このカテゴリーのルアーが、一番バーサタイルロッドでまかないきれない。それ以外のベイトで扱うルアーに関しては、バーサタイルロッドで80～１００点の感覚で扱うことができるのですが、ハードプラグ、特にクランクベイトに関しては70点を下回ってしまう感覚です。ワームを扱えるロッドでは、どうしてもノリが悪い。

クランクベイトロッドに求められるのは、リップで抵抗を受けてアクションするクランクベイトがボディを振る動きを妨げることなく、バイトしたバスの反転に逆らわずに追従してくれること。また、トレブルフックに多い薄掛かりにも、クッション性の高いロッドであれば身切れしにくい。これらは、ワームの釣りに求められる感度や低弾道での鋭いピッチング、そして強いフッキングパワーを備えた高反発なロッドとは相反する特性です。そのため**バーサタイルロッドでクランクベイトを不満なく扱うことは不可能であり、専用ロッドが必要になるのです。**

低反発ロッド素材の最たるものは、グラス素材。カーボン素材でも反発力を弱めることはできますが、グラスにはかないません。しかし、カーボン素材ならではの軽さや感度は、ハードプラグの釣りにおいてもメリットに働くので、あらゆる面においてグラスがベストとは言い切れません。グラスは重い・ダルいのが一般的です。「クランクベイトだけ」であれば、それでもよいのですが…。

オカッパリにおいて、ハードプラグのバーサタイルロッドを考えたとき、まかないたいルアーの範疇は、下限は7グラム程度のシャッドクランク（例：リズィークラス）。上限は、自重では、20グラムちょっと（ポンパドールクラス）。引き抵抗の重さだと、やや大きめのクランクベイト（ＲＴＯ1・5クラス）までを快適に扱えることでした。この範疇であれば、スピニングで扱う領域とマグナムクランク・ビッグベイトと言われる領域を除いたハードプラグはほぼまかなえます。が、それでもなかなかの幅広さ…この汎用性をかなえるうえでも、グラス素材は有利に働きます。やや重めのルアーを背負える硬さにしても、低反発なグラスであればしなやかに曲がってくれるため、軽めのルアーでもウエイトを乗せてキャストできる。（この場合、タラシを長めにすることもコツ）

逆に、重めのルアーや引き抵抗が強めのルアーであっても、グラスのクッション性がキャストやリトリーブ時の手元への負荷を和らげてくれます。曲がるのにしっかり受け止めてくれる、懐の深さがグラスにはあるのです。

とはいっても、引き抵抗が軽く動きも細かいシャッドクランクを、フルグラスで扱うのはアクションの振動が手元に伝わりにくく快適とはいえません。また、狙ったところへ正確にキャストを決めるのはシャープなカーボンに分があります。トレブルフックは引っかかりやすいので、タイトにキャストすることは他のルアー以上にシビア。投げやすいロッドであることはとても大切です。

グラスとカーボン、一長一短があるなかで、僕の結論はグラスと低弾性カーボンのコンポジット。監修した「ライトニング66」は、クランクベイト本来のアクションを引き出し、バスがしっかり吸い込み反転に追従するグラスティップを備え、使い手にとって快適な投げやすさと感度をもたらしてくれる低弾性カーボンというイイトコ取り。ハードプラグ以外への汎用性はないロッドだからこそ、ハードプラグに限っては最大限の汎用性を持たせた一本です。

リールは、7グラムクラスのシャッドプラグを投げやすい、30〜32ミリ径のスプールを備えたモデルを合わせています。ギア比も、6・3対1と、他のベイトタックルよりワンランク遅いギア比を使っています。引き抵抗のあるクランクベイトでも、ギア比を落とすことで巻き取り力が増すため軽く巻くことができ、泳がせるスピードも、つい速くなりすぎないことがその理由です。

ラインは12ポンドを基準に、シャッドクランクがメインになるときは10ポンド、カバーに擦りながら攻める場合には14ポンドを巻いています。

◉バーサタイルスピニングタックル

最後は、スピニングで扱うルアーやリグはほぼこれ1本でこなせるタックルです。監修したロッド「ファイヤーフラッシュ」は、6・4フィートのライトアクション。狙ったスポットへのキャスト精度や繊細な操作には、6フィート程度と短い方が有利なのですが、一方でフルキャストするとなると、6・6フィートクラスの方が飛ばしやすい。オカッパリバーサタイルとしてはその両方をこなせることが大切で、6・4フィートはその結論です。

ライトアクションクラスは、ノーシンカーリグから2・5グラムシンカーを快適に扱え、3・5グラムまでなら範疇。そして、テーパーがレギュラー気味であれば、小型のシャッドプラグやシンキングスイッシャーといった小型ハードプラグへの対応力も高まります。

素材はライトリグにアドバンテージをもたらす、感度と反発力に特化したSVFコンパイルXがベース。しかし、ティップ（穂先）だけはやや反発力をおさえた、中弾性のソリッド。ティップまで反発力が強いと、シェイクしながら誘ってきたとき、理想はボトムの起伏に軽く引っかけながら誘いたいのに、次のシェイクで弾いてしまったり、吸い込みの弱いバイトの食い込みを妨げてしまう。フィールド環境がかつてよりシビアになったために、求めるようになったことでもあります。感度と軽さの高弾性素材に、反発力をおさえた中弾性ソリッドティップの組み合わせ。さらに、ソリッドティップで一般的な先調子ではなく、むしろそれを感じさせないキレイな弧を描くテーパーにしたことも、バーサタイル性を高めています。

リールは２５００番台。ラインは４ポンドと5ポンドをその場に応じてセレクトします。

以上の5本をベースの布陣に、例えば冬であれば、シャッドを扱う低弾性カーボンを用いたスピニングが入ったり、虫やカエル系をカバーに入れる、またはより飛ばしてしっかり掛けるためにP.E.ラインを巻いたスピニングタックルなどの専用タックルが加わる場合もあります。

〈オカッパリのタックルセレクト リール編〉

ベイトリールは、ロッド以上にワンタックルでのバーサタイル性能における役割は大きく、ロッドセレクトの項でも述べましたが、リールの進化によってバーサタイルタックルが現実になったと言えるでしょう。その起点となったのは、ＤＡＩＷＡが生んだＳＶスプールであることは、先に記したとおり。それまで、本来スピニングで扱うような軽量リグをベイトタックルで投げることはベイトフィネス専用リールの特権でした。それがＳＶスプールが出たことで、ベイトフィネス専用リールにはかなわずとも、それに近しい領域まで扱えるようになりました。SVスプールは、軽量リグをキャストしてもスムーズに飛んでいき、それでいてバックラッシュはしにくい。その快適さは、「これまでは何だったの？」と思えるほどでした。とにかく1台で軽いモノから重いモノまで、快適にキャストできる。

ワンタックルで多彩なタイプ、ウエイトのルアーを使い、当然ピッチングもフルキャストも織り交ぜますが、その都度のブレーキ調整もしていません。軽いルアーも低弾道で飛ばしたいですが、スプール回転が軽いからといって、バックラッシュしやすいピーキーなリールは好みません。バックラッシュしにくいからこそ、それを恐れず気持ちよく振り抜け、いいキャストに繋がるというものです。

このSVスプール、従来型は遠投が伸びないのという弱点はありましたが、それも今は遠投もかなえるSV BOOSTに進化して、1台でのバーサタイル性はさらに高まりました。

釣りをしている最中、僕はブレーキ調整をすることはほぼありません。マグネットブレーキもメカニカルブレーキも、コレと決めたセッティングで全ての釣りをこなしています。

厳密に言えば、そのとき使っているルアーやキャスト方法によってブレーキを調整した方が、より投げやすく飛ばせるセッティングもあるでしょうが、僕はあえてしていません。ブレーキ調整に気を遣うことなく、釣りだけに集中したいというのがその理由です。

幅広いウエイトのルアーへオートマチックに対応し、バックラッシュがしにくいこと。DAIWAのブレーキシステムは、その点において秀でています。シビアな使い心地は好まず、バックラッシュは時間もロスするしラインも痛むので、とにかく避けたいのです。マニュアルなブレーキ調整やサミングワークを楽しみたい方には物足りないかもしれませんが…。

◉実践的ブレーキセッティング

ブレーキの設定に関しては、人によってスイングスピードやサミングワークに差があるので、決めつけては言いにくいものです。しかし、スプールを直接押さえつけるメカニカルブレーキに関しては、いわゆる「ゼロセッティング」でよろしいかと思います。絞めていくと、ラインを指で引っ張ったときにスプール回転に抵抗を感じるようになります。これだと、せっかくのスプール回転を損なっていることになりますね。そこから緩めていき、抵抗なくスムーズにラインが出ていくように。しかし、緩め過ぎると今度は、スプールが左右にカタカタと動くようになってきます。スプールに指先を当て、左右に動かすと分かります。ここまで緩めるとバックラッシュしやすくなるばかりか、ルアーが飛んでいる最中にスプールがブレてしまうので飛距離も伸びません。

ゼロセッティングとは、スプールからラインが抵抗感なくスルスルと出ていきつつ、スプールは極微かに動くくらいか、ピタッとするところ。あとは、マグネットブレーキの調整で、自身にとって投げやすい設定を見出していただくのがカンタンかつ効果的。

ちなみに僕のマグネットブレーキ設定は、真ん中よりちょっと弱めでした。10段階なら4。20段階なら8といった具合です。しかし、2021年から使うようになった、SV BOOST搭載のリールに関しては、さらに緩めての6～7が、飛距離も伸びるリールの特性を生かせるかな、というのが個人的な見解です。ただし、先にも記したとおり、人それぞれキャストやサミングワークなど異なりますので、ご自身で適したセッティングを見出していただくことが大切です。

では、何を基準にして最適なブレーキ設定とすればいいのか? 例えば、3／8オンススピナーベイトのように投げやすいルアーはいいとして…問題は軽いところ。バーサタイルタックルでは1・8グラムのネコリグといったライトリグを扱うことも前提としています。リール性能の進化によってキャスト可能になったとはいっても、ベイトフィネス専用機ではありませんし、ロッドも硬いしラインも太い。ムリヤリ感は否めないのが正直なところです。

しかし、それでも狙ったスポットへピッチングでもキャストでも入れていかなければなりません。スイングスピードにもよりますが、弾道がフワッと浮いて実践的な飛距離も出ないのであれば、ブレーキが利きすぎていると判断します。ただし、**軽量ルアーのキャストにはコツもあって、遠心力を生かし、ロッドをより深く曲げて弾き出せるように、タラシを長めにとって回して投げる。**慣れれば、バーサタイルタックルでも1・3グラムのネコリグも範疇に入ってくるはずです。

ブレーキ設定の話に戻すと、軽量ルアーを飛ばせない方はスイングスピードが不足しているか、ロッドに乗せたキャストができていないかのどちらかです。まずはブレーキを利かせ気味にして、ロッドにルアーのウエイトを乗せてシャープに振る感覚を覚えつつ、ブレーキを弱めていくのがいいかもしれません。

あえて言えば、**僕はリールの性能を頼りにキャストをしています。**バックラッシュしにくいリールだからこそ、気にせず振り抜ける。バックラッシュを恐れていては、いいキャストはできないと思います。キャストにはメンタルも左右します。丁寧に狙うことはいいことですが、慎重になりすぎてもショートすることが多くなるものです。引っかかりやバックラッシュを恐れ過ぎても同じことがいえますね。逆に、「やたらキャストが決まるな」なんてときは、気負わずしっかり振れているものです。

シャープなスイングは、低く伸びやかな弾道を生んでくれます。飛び過ぎそうならサミングして抑えればいいいですが、届かない場合はやりようがありません。だからこそ、バックラッシュしにくいリールは、気持ちの面でもいいキャストを生まれやすくしてくれると思うのです。

サミングに関しては、ケースバイケース。遠投時はさほどしていません。着水音にシビアになる必要もありませんし、サミングは距離を縮める要素なので、最低限に抑えたいところです。一方、ピッチングやショートキャストで狙ったスポットへタイトに入れていくのにサミングワークは肝心です。距離感の調整も必要ですし、着水音を極力小さくしたい。スキッピングは常にスプールに指を当てながらにしないとバックラッシュします。

僕のようにリールのブレーキ性能に頼ってキャストする人もいれば、ピーキーさはあれどキャスト後半まで高速回転を維持するタイプが好きだと言う人もいます。どちらをよいと感じるかは人それぞれですが、僕がブレーキの利くリールを好む理由は、バックラッシュしにくいだけではありません。キャスト後半にルアーが飛ぶスピードが衰えてくれた方が、距離感の微調整がしやすい。タイトかつ静かな着水音でキメやすいのです。逆に、弾道が鋭いままだとその辺の微調整もシビアになるので、やや使い手を選びます。しかし、使いこなせれば、より遠くに飛ばせたりロングピッチングできたりと、メリットにもなる。

自分のキャストスタイルに合ったリールを見出して欲しいですね！

◉リーリングとグリッピング

リールのハンドルを左右どちらで巻くのかについては、僕は右利きですが、全て左で巻いています。

最もメリットに感じているのは、（利き手で）キャストして、持ち替えなくすぐにリーリングに移れる手返しのよさ。そして利き手でのロッドワークは、繊細な操作にも、力強いフッキングにも断然有利です。これらの動作を、利き手でない方で満足に行うことはかないません。

全ての動作を利き手に持ち替えて行う選択もありますが、持ち替えで生じるロスは、キャスト数を損ない、フッキングからの巻き取りもスムーズにいかないことがデメリットです。しかし、巻く釣りだけであれば、利き手（右）で巻きたいのが本音。左巻きの慣れの限界を感じたところで、右で巻く感覚にはいたらなかったのです。ベストを求め、左右を使い分けた時期もありましたが、どうしてもタックルが増えてしまう。オカッパリでは最小限のタックルで多彩なルアーを扱いたい都合と天秤にかけた結果、左で統一することになりました。

しかし、これは僕個人の判断で、左右使い分けも、オール利き手巻きでも、もちろんＯＫ。自分が何を優先させるかです。唯一クランクベイトタックルだけは右巻きも使う可能性も残されていますが、そこだけイレギュラーを入れるのもな…と葛藤は続いているのです。ハンドルを左右付け換えられるベイトリールがあればいいのにな。

ベイトタックルでキャストする際の握り方は、ワンフィンガーと呼ばれるトリガーに人差し指だけをかけるスタイルがメイン。手首の自由度が増すことで、スナップを利かせたキャストが可能になること。さらに、スプールと親指の距離が遠くなることで、親指の先でサミングできるのも利点です。指先でのサミングは繊細な調整が利くからです。ツーフィンガー、スリーフィンガーと握りをズラすごとに親指の位置は前にくるので、指の腹でサミングすることになり、サミングの繊細さは犠牲になります。

しかし、ワンフィンガーのままだと力が入りにくいので、引き抵抗の強いルアーを巻くのはしんどく、フッキングパワーも込めにくい。ワームであれば、握り直してから誘いに入ったり、態勢を整えてから合わせる余裕もあります。しかし、バズベイトやスピナーベイトのようにキャストしてすぐにリーリングする釣りでは、ついワンフィンガーのままになりがちです。で、急なバイトに手首が負けてしまうことも。

理想は、キャストごとに、ワンフィンガーからツーフィンガーもしくはスリーフィンガーに移行する。ルアーが着水した直後に、ロッドを宙に浮かせた状態でサッと移行するのですが、やや慣れを要する動作ではあります。その際、トリガーが短いリールシートの方がやりやすい。トリガーの長さは、指がしっかり引っかかってくれさえすればいいので、それ以上は無用の長物。かえって邪魔になります。長いタイプは、気にしなければ少し削るだけでも改善されますよ。

で、次のキャストに移るときにはワンフィンガーにするべく、ルアーをピックアップしながら、もしくはピックアップした直後にワンフィンガーへ戻します。

◉スピニングリールの選び方

スピニングリールは、ベイトリールのようにリールの性能によってキャストが左右されるものではありません。厳密には、ラインの放出抵抗が少ないことで飛距離に有利なモデルも存在しますが、微々たる差ゆえ、それに越したことはないものの、選ぶ理由になるほどではないかな、というのが現状です。

一方、ゆずれないのは「軽さ」。これはベイトリールでも重視している要素ですが、**特に軽いルアー・リグを扱うスピニングタックルにおいては軽いリールの方が、操作性においても感度においても有利に働きます。**

ドラグについては、今はハイエンドモデルではなくても、申し分のない性能を備えているのが実際のところ。強いていうなれば、2〜3ポンドの細ラインで強く引くスモールマウスバスを狙う場合においては、こだわりどころになるとは思いますが…。

もちろんハイエンドに近づくほど、軽いのに剛性感や耐久性に優れ、巻き心地も軽く滑らか。滑り出しのよいドラグといった、高価なりの性能差はあります。それが釣果に直結するとまでは言いにくいのですが、よりよい使用感を知ってしまうと戻りたくはない。とは言え、予算に合わせてのチョイスで問題はないのがスピニングリールです。

◉ライン編①：フロロとナイロンの使い分け

タックルの項でも述べたように、僕はタックルのセットによって使うラインはほぼフロロカーボンで固定されています。

ベイトフィネスは10ポンド、バーサタイルであればほぼ13ポンド。ヘビーバーサタイルは16ポンド。スピニングは4か5をフィールドによって分けますが、どちらでいくか迷うことは多いので、愛用しているスティーズフロロに4・5ポンドが欲しいところです。

唯一、ナイロンラインを使うのはスピニングタックルによるシャッドプラグの釣りです。特に晩秋から春にかけてはシャッドプラグを多投することは多く、その場合は専用タックルを組みます。クランクベイトと同じく、クッション性に富み、ノリがよいセッティングがキャッチ率を高めてくれます。そしてそのときに合わせるラインは、6ポンドのナイロンをチョイスします。

その理由は2つ。ひとつは根がかり対策です。シャッドでボトムを叩いてくる釣りでは、スタックはつきもの。オカッパリでは、根がかり回収機が届かないことも多く、ロッドを高く掲げてラインを弾いたり、違う方向から引っ張ったりを試みます。それで外れないとなると、最後は綱引き。このときに、4ポンドと6ポンドでは回収率が違うのです。切れたとしても、切れるまでの耐久力が違うことは体感できるはずです。フックが伸びて帰ってくることもあるので、バーブレスにしておくとなお回収率が高まりますね。ちなみに、低水温期のバスはあまり跳ねませんし、柔らかいロッドと伸びるラインでの貫通力を高めるという点でもバーブレス化はオススメです。

2つ目は飛距離。仮に6ポンドでフロロラインとなると、小型のシャッドプラグは著しく飛ばなくなります。おまけに、スプールからラインが飛び出すライントラブルも多発します。これが同じ6ポンドでも、ナイロンだとスムーズに飛ぶ。フロロの4ポンドと同等の飛距離が出ます。そしてしなやかなナイロンはスプールへの馴染みもよいことから、太くしてもラインが飛び出すトラブルはほぼありません。岸に波風が当たるシチュエーションこそシャッドが利くこともあり、向かい風でも飛ばしやすくてライントラブルが少ないことはとても大切なのです。

霞ヶ浦水系のような、浅く、根がかりしやすいフィールドにおいてはこれが結論ですが、例外として、より深いレンジまで潜らせることを優先すべきフィールドであれば、細くて比重も重いフロロの4ポンドにすることもあります。

◉ライン編②：P.E.ラインを使う場合

まず、P.E.ラインの基本的な特性として、太さに対して引っ張り強度が強い。しなやか。そして伸びないといっていいほど、低伸度。浮力があることも確かな違いですね。これらの特性すべてが必ずしもメリットになるとは限りませんが、逆にいうと、メリットになりえる釣法でのみ用いるラインです。用途は決して多くありませんが、**P.E.ラインでなければ釣果を損なうメソッドがあります。**不透明であることも、一見デメリットなようで、細いラインを見やすくしてくれるメリットにも転じます。

P.E.ラインが活きる釣りですが、ひとつはカバーの中に軽量リグを入れていく釣り。スモラバや虫系、ネコリグなどを、枝にラインをかけて吊るすといったアプローチ。本来であればライトタックルで扱うルアー、すなわち、しなやかなラインで操作したいルアーを、カバー撃ちに耐える強度のラインで攻略できること。とてもフロロの4～5ポンドでは太刀打ちできないアプローチです。さらに、ラインが伸びないことで、カバー越しでもフッキングパワーのロスが少ないこともメリット。フロッグの釣りがP.E.ラインでなければならないのは、この点において。フロロやナイロンでは著しくフックアップしません。

一方オープンウォーターでは、軽量リグやルアーを遠投するためにP．E．ラインという選択。スカッと抜けるような感覚で、太さにもよりますが、フロロと比較して1・5倍ほど飛ばせる感覚です。そして遠投した先でもダイレクトにパワーが伝わり、気持ちよくフッキングが決まります。このダイレクトな操作感に、浮力も加味した用途では、メタルバイブ。特に3・5～5グラムといった軽いモノを小刻みにリフト&フォールさせる釣法では、P．E．ラインの独壇場です。伸びのなさはロッド操作に対する初動がよく、ラインの浮力によって上方向にリフトされるので、小さな上げ幅でのリフト&フォールを適えてくれます。

そして、P．E．ラインのデメリットとなる、不透明さとしなやかゆえの針への糸絡みを軽減するためには、リーダーを組むこと。0・6～0・8号のP．E．ラインに合わせるのは、5～7ポンドのフロロライン。僕はハリス用の1・2～1・5号を使っています。コシが強いのでより絡みにくく、コンパクトなパッケージで携帯しやすいこともその理由です。結束は、専用の結び方を覚えましょう（もしくは、ライン結び機を使うか）。電車結びでは切れます。僕はFGノットで繋いでいます。

特例では、マイクロクローラー系のワームをノーシンカーリグで飛ばす、極致の釣法。この場合は、メバル用の0・3号クラスのP．E．ラインに、ロッドもウルトラライトクラス。もはやバスタックルとはいえない領域ですが、そこまで劇的に小さく細くするとあっけなく食うことがあるので、「いざとなったら」と備えてはいる道具立てです。

このように、用途は限られるも、フロロやナイロンでの不可能を可能にしてくれるのがP．E．ライン。さらに、風に弱い、沈みが悪いといった扱いにくさを感じる場面に対応する、ナイロン程度の比重を備えたモデルもあります。今後、さらに用途が広がる可能性はあると思っています。

◉ライン編③：ノットとラインの取り扱いのポイント

以前はアワセ切れが悩みでした。スタイル的にカバーフィッシングが好きで、近距離で強くアワセることから起きやすいのですが、マメにラインチェックをしても防ぎきれない。それが、**ノットをユニノットからパロマーノットに変えたことで劇的に解消されました。**

きっかけは、ボトムアップ社内で誰の結び方が一番強いか勝負したこと。一本のラインの両端にお互いフックを結び、切れるまで引っ張り合う。結果、僕のダブルユニノットがパロマーノットに全敗したのです。すべて結び目で切れました。10回やっての全敗なので、間違いない。30年以上変えてこなかったノットですが、これで変えなかったらダメですよね。

さらに、ラインもスティーズフロロという高強度なラインに変わったこともありますが、それ以上に、パロマーノットによるところが大きいと感じています。

ラインの巻き替えについてですが、仮に高価なものをしぶとく使うよりは、リーズナブルなものでも、頻繁に巻き替えた方がよいでしょう。やはり、新品のサラッとした使用感はいいものです。高価なラインであっても、使用時間が増すごとにクセはキツくなっていきますから。

頻繁に巻き替えるのが理想といえど、必要以上に巻き替えることは経済的でも実践的でもありません。下巻きしてスプールを底上げし、実際に使う糸巻量プラスアルファを上巻きします。下巻きは必ず、比重の軽いP．E．ライン。元からフロロラインで巻くよりも2グラム以上はスプールが軽く仕上がるので（下巻き量や太さにもよる）、より軽量ルアーへの対応力が上がります。僕であれば、巻き替えるのは50メートルくらい。しかし、遠投が予想されるフィールドでは、もう10メートルほど余分に巻きます。

逆に、スプールがことさら浅ミゾなベイトフィネスリールでは、下巻きをせずに40メートルほど。これで、2〜3回の釣行ごとに巻き替えるペースです。

選ぶラインは、リーズナブルなものを選ぶとしても、やはり信頼できるブランドがおすすめ。そしていわゆるデカ巻きがお得です。例えば、モンスターブレイブZ（ＤＡＩＷＡ）であれば４００メートル巻きがあり、13ポンドの価格が４９５０円。50メートルごとで8回巻き替えられるとすると、１回あたりは６００円ちょい。さらに実際には値引きして売られていますから、一回あたりのコストはさらに下がります。しかし、マーキングシールがついているも50メートルごとではありません。下巻きをどこまですれば、上巻きが50メートルになるかは、ハンドル１回転あたりの巻き取り量でおおよそ計ることもできますが、僕が参考にしているのが、ＤＡＩＷＡのＳＶスプールに刻まれている「ハーフライン」。モデルにもよりますが、仮に、14ポンドが90メートル巻けるとすると、半分の45メートルを示すライン

DAIWAのSVスプールには糸巻量の半分を示すハーフラインが刻まれていて、効率的なライン管理に活用している

です。とすると、このハーフラインまで達する手前まで下巻きしておけば、その上に巻かれる糸巻量は50メートルくらいになるというわけです。

さて、これを書いていて気づいたのですが、愛用しているスティーズフロロは80メートル巻きしかないことを思い出しました。僕はテスター用のデカ巻きなのです。最高品質ですが、下巻きで使いやすいよう、せめて100メートル巻きが欲しいところです。ともあれ、ラインブレイクによるバラシは最も防ぎたく、**状態のよいラインで挑むことはバスに対する礼儀でもある**と思います。

一方、P.E.ラインは糸巻量が不足しそうになるまで巻き替えません。ただし、ケバだった部分はカットしていくので、あらかじめ70メートル以上巻いておきます。扱いにおいて注意しないといけないのが、スピニングに巻くときに1号以下の細い番手。オカッパリでヤブに入ると、草木に触れて切れることがあります。引っ張り強度は強いものの、とても細いので擦れには弱いのです。切れずともほつれてしまうと致命傷なので、ラインが何かに触れないよう気をつけて歩いています。

フロロカーボンラインの扱いで気にするのは、糸グセとキズ。フロロカーボンラインは硬いので、クセは大敵。操作性も感度も損ないます。想像ですが、水中でコイル状のラインがビョンビョンと伸縮すると水を掻いて目立ってしまい、食わせにも悪影響を与えると思っています。糸グセは何もいいことがない！　ので、気になったら指でゆっくりきつくしごいてクセを取るのがクセ⁉︎に。ロッド1～2本分のクセを取るだけで、操作性や感度が向上しますよ。

そして、このクセを取る作業はラインチェックにもなり、キズが入っていることに気づいたら躊躇なくカットします。

◉フック編①：理想の掛かりと形状

ワームフック、特にオフセットフックは種類が豊富。似たような形状のモノがたくさんあるので、どれを選んだらよいのか？　ネームバリューや値ごろ感で選んでいませんか？　それも判断材料にはなれど、キャッチ率に影響するアイテムですから、性能で選ぶべきです。

形状や太さのバランスによって、使いやすさや掛かりに確かな差が生じます。**僕が優先するのは、掛かりのよさ。使いやすさよりも断然こっちです。**スッポ抜けにくく、深く掛かるフックであること。これは、使いやすさとは相反してしまうところがあります。

使いやすさとは、ワームの形を歪めることなく、真っすぐセットしやすい。針先をワームに埋めやすく、かつ不意に飛び出しにくいので引っかかりにくい。この特性は、ラインアイと針先との高低差が平行に近く、針先が内側に向く形状にすることでかなえられます。

しかし、このタイプは、スッポ抜けや薄掛かりになりやすい。一見深く掛かりそうなワイドゲイプであっても、実質的にはその意味をなさなくします。**深い掛かりにおいて重要なのは、ラインアイと針先との高低差があること。**この高低差分、深く掛かるということです。

この条件を備えていれば、ナローゲイプであっても深い位置で掛かります。そこから貫通させるためのフッキングパワーの伝達力も、フックの形状によって変わってきます。フッキングパワーが加わった瞬間、針が開く方向への力も働き、開いてしまうとフッキングパワーをロスします。よって、最初から針先が外側を向いている針は、初期掛かりはよいものの、フッキングパワーは逃げやすい傾向。初期掛かりを優先する場合や、針先が出にくいワームに合わせることでメリットが活きるタイプです。

逆に、針先が内側に向いていると、開きにくい分フッキングパワーはしっかり伝わりますが、内側に向きすぎていると、スッポ抜けや薄掛かりの原因になる。これらのことから、ラインアイと針先の高低差はしっかりと確保されつつ、針先は僅かに内向き。この条件を備えたフックであれば、深く掛かりやすく、なおかつ貫通力にも優れたフックだといえるでしょう。

◉フック編②：理想のオフセットフック

今年（2021年）にハヤブサから僕が理想とするフックをリリースしました。掛かりのよさに加え、求めたもう一つの要望が、幅広いワームタイプにマッチする汎用性の高さ。考えてもみてください。仮に＃6～5／0までのフックサイズを揃えるとすると、それだけで9～10サイズ。これにワッキーフックやジグヘッドなど、オカッパリではそれらをコンパクトなフックケースに収納しなければなりません。僕は、2サイズごとに分けてフックケースに入れていますが、それでもオフセットフックの形状まで細分化すると、目当ての一本を取り出すのも手間でした。

理想は、ワーム形状や釣法を選ばない、バーサタイルなオフセットフックで完結したい。この想いを具現化したのが「ライトニングストライク」。ナローゲイプとワイドゲイプの中間を突いた形状は、幅広いワームにマッチ。初期掛かりがよく、深く掛かるラインアイと針先の高低差。わずかに内側を向いた針先はフッキングパワーを逃がさないだけでなく、針先をワームに埋めやすい。ゲイプの途中に設けたカドは、ワームのズレを軽減します。さらに、貫通力を高め、サビにも強い防錆フッ素コート。こだわり尽した、オフセットフックの理想形です。

ライトニングストライク（ハヤブサ）

◉フック編③：スナッグレスネコリグ誕生秘話

ネコリグの針先をワームの中に埋めることで、カバーの中まで攻略可

N.S.Sフックパーフェクション（ハヤブサ）

能にしたスナッグレスネコリグとその専用フックを考案したことは、僕の釣果を大きく伸ばしてくれました。きっかけは、高滝湖でのオカッパリ取材のときに、ネコリグをカバーに入れられたらな、と思案していると、釣り場近くのコンビニで売っていたコイ針を見てピンときました。太軸で、これならカバーに入れても強度は十分だろうし、ワイドゲイプだからストレートフックのような深い掛かりをしそうだと思いました。もちろんワームのズレを防ぐストッパーは付いていませんが、とりあえずそれでやってみたところ、ツルツルとカバーを抜けてきたので、これは絶対に武器になるなと。ガード付きのマス針だと、針先は露出しているので、ややこしいカバーの中に入れると引っかかります。テキサスリグがそうであるように一番引っかからないのは、針先をワームの中に入れることですから。

ただコイ針は必要以上に太いので他を模索していたところ、同僚の草深（幸範）が「コレ探しているフックに近いんじゃない？」と、海外のフックで見つけてくれたのを取り寄せました。それにズレ止めのストッパーを巻いたのがスタートでしたが、根こそぎか!?と思えるほど本当によく釣れました。

その確か過ぎる釣果をもって、スナッグレスネコリグ専用フック、N・S・Sフックが商品化されたのです。**スナッグレスネコリグは、オカッパリ発祥のリグですが、その実釣力の高さから一気に浸透し、**

プロトーナメントでウイニングリグになることも珍しくなくなりました。N・S・Sフックの販売数も、当時ハヤブサ社でのバス用フックの過去最高を記録したそうです。それだけ、多くの方にこのリグの効果を実感してもらえたということは嬉しいものです。

しかし、スナッグレスネコリグにもネックがありました。それはラインがヨレる。特に、ピックアップ中にワームが回転してしまう。アサガオのツルのようにロッドにラインがまとわりつき、クセをとってもすぐにまたヨレるので、本当にうっとおしい。解決策としては少し離した位置にスイベルをつける術はあるのですが、3回結ばなければならない手間と、カバーの隙間に落としにくくなり、ロッドティップごとリグをカバーに突っ込んで落とし込むこともできなくなる。そこでやるようになったのが、スイベルとフックをスプリットリングで繋ぐ方法。これは効果があり、すぐにハヤブサに提案しました。手作りではスプリットリングで繋ぐしかありませんでしたが、本来は必要のない物。同じ効果であればシンプルである方が美しい。それを商品化できないかと。

スイベル直付けは工程上難航しましたが、実現してくれたのが、N・S・Sフックパーフェクションです。各社からスナッグレスネコ用の競合品がいくつも出たなかで未だN・S・Sフックが支持され続けているのは、パーフェクションの存在が大きいと思います。

◉シンカー編

ワームリグで使うシンカーはタングステン素材が主流です。そのメリットは明白で、鉛より比重が大きいため、同じ重さでも小さくできる。スリ抜けのよさに貢献し、見た目の違和感も軽減してくれる。そして硬質なので感度にも優れます。

どんなリグであれ、シンカーは小さいに越したことはありません。不自然なモノですからね。ワームの中に入れるネコリグでさえ、大きい（長い）分だけワームの動きを妨げます。

同じく、シンカーがバスに違和感を与えかねない要素としてあるのが、色。これはかつて、まだ今よりはるかに数が釣れた時代に、金色のシンカーを使ったらバイトが明らかに減った経験をしました。リグはテキサスリグで、地味色ワームのアタマにピカピカに光る金色のシンカーには、バスもためらったようです。また、黒も好みではない。存在感が強く、わりと目立ちます。

気に入っているのが、ボトムやカバーに馴染むアースカラー。仮にワームカラーとの一体感はなくとも、悪目立ちしない色合いです。困るのは、地面や草の上に間違ってシンカーを落とすと、見つけるのが大変なことぐらいですね。

形状に関しては、ワームとの一体感や汎用性の高さで選んでいます。テキサスシンカーであれば、昔からある細長いタイプよりは、タル形に近い横幅のあるタイプの方が、同じ重さでもコンパクトかつ幅広いタイプのワームに対してマッチします。

ダウンショットシンカーであれば「ペアータイプ」と呼ばれる涙型がベース。丸型よりはスリ抜けやすく、スティックタイプより操作性が高い。スティックタイプは、長さがあるので、ボトムで倒れるときにワームを引っ張ってしまうので、繊細な誘いには向きません。しかし、消波ブロックの穴撃ちのように、挟まりやすいシチュエーションでは明らかに引っかかりにくい。さらに近年では、リーダーレスダウンショットやフリーリグでもスティックタイプを使うので、スイベル内蔵タイプやラインアイが付いたタイプも常備するようになりました。

オカッパリではブーツも大事なタックルの一部。防水性やグリップ性能、快適性など求める要素は多い

◉小物編

オカッパリの装備で言えば、動きやすさ、特に足回りは重要です。釣果にも影響するタックルの一部といっても過言ではないでしょう。

まずオカッパリシューズに防水性は必須。晴れた日でも朝露で濡れますし、水辺ですからぬかるみもある。それなりの防水性を備えていることと、グリップ力も必要です。濡れた斜め護岸やコケの上など、滑って足を取られやすい所では、ソールの性能によって雲泥の差が出ます。安全面からもグリップ力があるソールを備えたモデルがおすすめです。さらに、軽くてクッション性に優れているとなおよし。やはり疲れにくさが違います。これらに加え、ヤブ漕ぎをするとクツヒモがしょっちゅう解けるので、結ぶタイプではなく、絞るタイプ。これを知ってしまうと、結ぶタイプには戻れません。あと、汚れを落としやすく、乾きやすい素材がいいな。泥まみれになったときに、水洗いしながらブラシで擦ると色落ちしたりケバだったりしないことも、耐久性につながります。ちなみに、水洗いした後、ドライヤー的な熱風で乾かすのはＮＧです。防水性能を著しく損ないます。ならば日向で乾かしたくもなりますが、ベストは陰干しです。

靴下は5本指がおすすめ。シューズ内でのグリップ力が全然違います。オカッパリでは斜め護岸のような斜面に立つことも多いですが、５本指ソックスは踏ん張りが利くので斜面でも歩きやすくなる。さらにシューズとの接点に滑り止めが着いたタイプはさらにグリップ力がアップしますよ。

パンツに求める要素は軽くて伸縮性があり、速乾性のもの。なおかつ、ヤブ漕ぎ時に安心感のあるハードな素材であること。さらに立体裁断されていると動きやすい。コロンビアのブッシュロッドと言うパンツを愛用していましたが、残念ながら廃盤に。まだ数本ストックしていますが…将来的には、理想とするパンツをプロデュースしたいと思案しているところです。

オカッパリに用いるバッグもタックルの一部。必要な物をすべて収納できたうえで、取り出しやすさまで考えられた専用設計がやはり使いやすい。さらに、外付けのポーチなどでカスタムすることで、使い勝手を高めることもできます。

例えば、**その日の釣りでローテーションするルアーは、5種以内に収まることがほとんど。**しかし、1～2タックルで釣り歩くとなると、ルアーチェンジする回数が多くなります。手間だからと、妥協してはいけないことです。そこで、ロッドに付いている1つ以外の4つのルアーはメインバッグを開けずとも即座に交換できるポーチを考案しました。「フォールームス」という名のとおり、硬質の素材で4室に仕切られています。針絡みもなく、素早く取り出せる仕組みです。

ロッドホルダーも同様です。それまでは即座に取り出しとはいかなかった。見えバスに対してタックルチェンジするにも、手元を見ながら取り出し、目線を戻したときには見失っていることも。ノールックで素早く取り出せるロッドホルダーがベストであり、それをかなえたのが「クイックショット」です。

◉偏光グラスは必要不可欠

バス釣りに偏光グラスは絶対に必要なアイテムです。水面のギラつきをカットし、水中を見やすくしてくれる。バスそのものを見つけてアプローチするサイトフィッシングのみならず、水面下に沈む障害物や地形の変化、そしてベイトフィッシュの存在など、得られる水中の情報量が断然違います。

釣果に直結しますから、偏光グラスなしで釣りをするなんて考えられません。さらに、眩しさをカッ

バスフィッシングにおいて偏光グラスは、釣果を大きく左右する必要不可欠なアイテムであり、
安全面からも必ず着用して欲しい。性能において、サイトマスターには全幅の信頼を置いている

トしてくれる快適さ、そして目を守る安全面においても、必ずひとつは持っておきましょう。

ただ、もう少し突っ込んで言うならば、おすすめはサイトマスターです。僕はどんなに釣っている好きなルアーだとしても「これが最強」という言い方はしないようにしています。相手が自然の生き物ですし、状況にもよるからです。でも偏光グラスに関しては、サイトマスターが一番だと言い切っています。

その理由は、ガラスレンズを採用していることに尽きます。この上なくクリアな視界。そして、歪みが生じないので目も疲れにくい。そして、キズに強いこと。砂ボコリや水アカなどを拭くたびに、プラスチック系のレンズでは細かなキズが入り、蓄積していきます。やがてそれは視界にも映るように。そんな状態の偏光グラスをかけさせてもらったことがあるのですが、僕は絶対にムリ！　釣りに集中できません。週イチペースの釣行だとしても、一年経ったら無傷ではないはずです。一方ガラスなら、5年経っても無傷。実際に僕が使用しているレンズも、フレームはマイナーチェンジにより変わりましたが、レンズは移植。10年近く使い続けていますが、キズひとつありません。

長持ちするので、経済的でもあります。唯一、ガラスで劣る要素は重いことですが、フレームが顔に合っていれば、さして気になりません。その点においても、サイトマスターは、バネ蝶番や角度を調整できるソフトなノーズパットを備えたモデルがあり、ひとりひとり異なる顔の形に対するフィッティング性能も高い。近年、撥水性能を持たせSWRレンズとさらに進化。好みのデザインで選ぶのもよろしいかと思いますが、**性能で選ぶのであれば、サイトマスター一択です。**

偏光グラスのレンズカラーは、個人差による相性もあるようです。こればかりは、自分以外の見え具合がわからないので、ご自身で検証していただくしかないのですが…。僕の場合は、スーパーライトブラウン・スーパーライトグレー・イーズグリーンの3色を使い分けています。

スーパーライトブラウンは、やや明るく感じられつつ、晴れた日でも落ち着いた視界。オールマイティに対応してくれるレンズカラーです。

スーパーライトグレーは、もっとも裸眼に近い、ナチュラルな視界が魅力です。他のレンズカラーだと、水色をチェックするのに偏光グラスを外しますが、スーパーライトグレーならその必要がない。僕が初めてサイトマスターを借りてかけたときのレンズカラーがコレで、その見え方の違いに驚き、サイトマスターに変えるきっかけとなったレンズカラーです。

そしてイーズグリーン。朝夕など、ローライト時に欠かせないレンズカラーです。他のレンズカラーだと、日没が迫り薄暗くなってくると偏光グラスを外したくなりますが、イーズグリーンはむしろ明るくしてくれる！　釣れる時間帯に、水中だけでなく景色を明るくしてくれるメリットは大きいものです。また、日中であってもオーバーハングのシェードを撃っていくときにも、イーズグリーンはイイ。暗いシェードの中を明るく見せてくれます。

第三章

陸を極める！ルアー&テクニック実践法

釣果に大きな影響を及ぼす、キャスティング術やカラーセレクト法、そしてキャッチ率アップに直結する実践的ノウハウを明かす！

◉バスフィッシングにおけるキャストの重要性

バスフィッシングのキャストで大事なのは、飛距離よりも精度です。全国のメジャーフィールドはひととおり経験していますが、より遠くに飛ばした方が釣れるシチュエーションは、本当に稀です。それよりは、狙ったスポットに正確に、そして静かにルアーを着水させることの方がはるかに釣果に直結します。

どんなに状況に適したルアーセレクトができていても、バスがいるスポットを外していたり、バスが逃げてしまうほどの大きな着水音を立ててしまえば、釣れるものも釣れません。**とかく、釣れている場所やルアーに興味が集まりがちですが、狙ったところに投げれるようになることが、狙ってバスを釣るうえでの条件となってきます。**

精度を出すには、リキまず、ワキを絞めてコンパクトなフォームで振ることが基本となります。着水音は、それ次第でバスを逃すことにもなれば、バスを惹きつける要素にもなります。ボチャンと大きな音はNGです。極力無音もいいですが、ベストとは限りません。小魚が跳ねたような、カエルが跳び込んだような、甘い着水音はバスの興味を惹き、振り向きざまに食ってくるような捕食スイッチを入れてくれる効果もあります。この甘い着水音を出すためには、低い弾道でのキャストを心がけ、着水の瞬間はしっかりと勢いを殺すことです。

例外として、大きいブッシュや広いマットカバーなど、バスの位置を特定しにくく、なおかつ視界を遮るシチュエーションでは、あえて大き目の着水音でエサの存在をアピールすることはあります。

さて、バスフィッシングのキャストには、多彩なキャストバリエーションがあります。オーバーヘッドキャストを基本に、サイドキャスト、バックハンドキャスト、ピッチング、スキッピング、フリッピングなど…これらをひととおりマスターし、どの角度からもキャストを繰り出せた方が有利なのはいうまでもありません。特にオカッパリでは、立ち位置の周りに木や草があって、ムリヤリ気味なキャストを強いられることもあります。ほとんどの人がキャストにためらうようなスポットにルアーを届けることができたら、それだけで武器なのです。キャストが上手くなるには実践あるのみですが、押さえどころはあるもの。ぜひマスターしたい7パターンのキャストに絞ってお伝えいたします。

◉オーバーヘッドキャスト

基本といいつつ、実は出番は少ないです。真上から振り下ろすとなると、どうしても着水音は大きくなりますし、飛距離においても、やや斜めから回し気味に振った方が振り幅も大きくとれ、体のヒネリも利いて飛ばしやすい。唯一、真正面に投げるときに用いています。遠方の杭を射貫くときなんかに使えますね。顔の横で振るのが一般的ですが、僕は体の真正面にロッドを構えて、剣道の「面」のように真下に振り下ろします。これだと、横風でもない限り本当に真っすぐ飛ばせます。

もしこれで正面に飛ばない方は、真っすぐ振り下ろしているつもりでも、クセで斜め切りになっているということです。

◎オーバーヘッド

真正面に飛ばすためには、正面に構えた状態から真っすぐに振り上げて、真っすぐに振り下ろすこと。ロッドにルアーの重みをしっかりと乗せよう

◉サイドキャスト（ベイトタックル）

利き手側の体の横で振る、もっとも多用するキャストです。近～中距離を射程範囲に、低弾道で入れていくのに向いています。シングルハンドでも、ダブルハンドでも、やりやすい方でOKです。

ワキを絞めてコンパクトに、体に近い位置で回して、フォロースルーは下から振り上げることが、精度を出すコツです。左右の振り幅が大きいと、ちょっとのリリースタイミングのズレで弾道も左右にブレてしまうからです。ダブルハンドでは、グリップエンドを握っているウデを自分側に引きつけるように振ることでよりスイングパワーが加わり、力まずとも鋭い弾道を生み出してくれます。

◎バックハンドキャスト

狙う方向や障害物などを避けるために、通常のサイドハンドキャストが困難な場合に用いられる。テイクバックでしっかりとルアーウエイトを乗せて、ロッドを曲げる感覚をつかもう

◎サイドキャスト

実際の釣り場でも使用頻度が多いので、必修とも言えるキャスト法。フォロースルーで下から上に振り上げるイメージで投げることが、精度を高めるコツ

◉バックハンドキャスト（ベイトタックル）

このキャストが苦手という人は多いのではないでしょうか？　力が入らない、手首が負けてしまう。よって、飛ばない、精度も出ない。僕もそうでした。ピッチングで済む距離感ならそれでいいのですが、もっと飛ばすとなるとダブルハンドでキャストする方法もありますが、僕にはなぜかやりづらく…。克服できたのは、グリップはウデに

着けて固定し、テイクバックで軽く勢いをつけつつルアーウエイトを乗せてロッドを曲げ、押し出すように投げる。このとき、リールは真上を向いた状態です。手首のスナップは使わず、腕ごと押し出すので、手首が負けることはありません。そして、タラシはゼロ。ルアーとロッドが一体化することで、タイミングが掴みやすくなり、精度が向上しました。

また、バックハンドという手段をとらず、両手投げを目指すのもあり…というか理想だとも思います。これこそ相当練習しなければなりませんが、マスターした恩恵は大きいはずです。

◉ピッチング

サイドハンドと並んで多用するキャストです。特に、ジグ・ワームフィッシングで静かに正確にリグを送り込むのに最適です。手首のスナップを利かせた方がシャープに振れるので、手首の自由度が広がるワンフィンガー（トリガーに人差し指一本のみをかけるグリッピング）で行っています。リールが遠くなる分、サミングも指先を当てられるので繊細に利きます。

そして大事なのが、タラシの長さ。短かすぎると振り子の勢いが出にくいし、長すぎてもロッドの反発力を活かしにくい。リールの位置とルアーの位置が同じくらいが基本です。体の正面に近いところで振り上げた方が左右のブレは抑えられますが、横からやや大きく振った方が勢いは出ます。よって、スキッピングやロングピッチングをするときには、必要な勢いに応じてサイドから振っています。精度は犠牲になる傾向ですが、練習によって克服できるはずです。

◎ピッチング

タラシの目安は、リールの位置とルアーの位置がほぼ同じ程度。やや横から振るようにするとスピードが上がり、飛距離を伸ばせる。上達すればスキッピングも可能になる

◉スキッピング

水面をスパパパッと水切りのように滑っていくキャストは、マスターしていない人からするとスペシャルテクに映るかもしれませんが、コツさえ掴んでしまえばさして難しくはありません。ピッチングの延長みたいなもので、水面に対して水平に近い入水角度と勢い、そしてサミングワークの3点をおさえるだけです。ピッチング同様、手首のスナップと繊細なサミングが利くワンフィンガー。水面をかすめるようにやや下から送り出すことで、入水角度が水平に近づきます。サミングはスキッピング中も常に軽くかけ、ラインのオーバーランを防ぎます。他のキャスト以上にバックラッシュしやすいですが、

ブレーキをキツくするのはおすすめしません。他のキャストも併用するなかで、低弾道での伸びやかさが損なわれるからです。

ルアーはカバージグや高比重ワームのノーシンカーリグがスキッピングさせやすく、それに次いでシンカーをストッパーで固定したテキサスリグ。慣れればネコリグやリーダーレスダウンショットリグでも可能です。

◉フリッピング

静かに正確に手返しよく、この点においてフリッピングにかなうキャストはありません。振り子の要領で狙ったピンスポットに置いてくるように入れ、ラインをサッと手繰ってピックアップ。そしてリグを手に持つこともなく、流れる動作でそのまま次のスポットへ送り込む。

スプールからラインを放出しない振り子キャストなので飛距離は出せませんが、近距離でのアプローチではメリットが際立ちます。**オカッパリでは、歩く先の足元付近を次々と撃っていくのに最適ですね。**また、ブッシュの中など、周囲を囲まれた狭い状況でチョイ投げするにも重宝します。

コツは、ピックアップしたリグが水面から出た瞬間に強く引き寄せ、その勢いを利用してティップにリグの重さをのせて弾き返す。よりスピーディに低弾道で送り出せます。活用しているアングラーは少ないですが、釣るうえではかなり実用的なキャスト法ですので、ぜひマスターしていただきたいところです。

また、これはオカッパリならではですが…自分の立ち位置から後方に続くトンネルの中を攻めるとき。自分の後方へ投げるのにフリッピングを応用します。先にラインを引き出して、足元にためておきます。そして、前後に振り子し、勢いがついたタイミングでルアーを強く引き寄せ、トンネルの奥へ送り込みます。ラインはすでに引き出してあるため、スプール回転の抵抗もなくフリーで放り込まれるので、他のキャストでは到底届かない奥にまで届かせることができるのです。

◎フリッピング

レベルワインダーの前からラインを手繰り、ルアーを引き寄せる。その勢いを利用してロッドに重みを乗せ、ロッドティップを振り上げて、ルアーを送り出す

◉ボウ&アロー

スピニングタックル限定のキャスト方法です。イメージは弓矢。ルアーをつまんで胸元に引っ張り、ロッドを絞り込んだら「パッ」とルアーを放してロッドの反発力で飛ばします。飛距離は出ませんが、真っすぐ正確に射貫くのに適していることと、ウデを振るモーションが必要ないので、狭い場所でも放れます。少ないモーションで正確に射貫きたいサイトフィッシングにも使えますね。

コツは、ロッドを限界まで絞り込むこと。中途ハンパだといっそう飛びません。目安は、タラシを一番手前のガイドの位置から絞り込むと丁度いいはずです。ロッドは水平に、目標物に向かって一直線上

◎ボウ&アロー

引き絞ったときの目安は、ルアーがリールの位置に来る程度。ロッドを地面と水平にするのがコツだ。手指にフックが刺さらないように気をつけよう

に構えます。あとはタイミング、ですが、慣れてしまうと面白いほど正確に射貫けるキャストです。注意点は、フックをしっかりつまむこと。ルアーのボディをつまむと、放した瞬間に放たれたフックが手に刺さる危険があります。

ここに記したキャスト法をマスターすれば、フィールドで困ることはないはずです。

キャストの上達法は「練習あるのみ」。ストイックにいくならば、自宅や空き地などで目標物を置いてキャスト練習をするのも無駄にならないはずですが、自分自身ではそういったことはしていないので、言える立場ではないです。ただ、自然のフィールドで、キャストのスキルを磨くのが一番だとは思います。変化に富み、そして着水音を抑えるといった意味でも、実践的なキャストを磨けるからです。

そして何より大切なのは、**日々釣りをしていく中で、毎投目標を定めてキャストすることです。**だいたいその辺りに飛んだとしてもそれでＯＫとせず、すぐに回収して狙いのスポットに決まるまで投げ直すようにしています。ただ、場を荒らさないためにも、軌道がズレていると感じたら飛行中に止めて回収しています。中途半端なキャストでバスにルアーを見せない方がいいですね。着水点に妥協しない感覚で釣りをしていれば、キャストは自然と上達するでしょう。

ただ、出番の少ないバックハンドキャストなどは、意図的に釣りに取り入れていかないとなかなか上達しません。つい、やりやすいキャストでこなしてしまうものです。バックハンドが適した向きで釣り歩くなど、積極的に投げていくことで体がタイミングを覚えてくるはずです。

そして、**いいキャストを決めていくには、ハートも大事。**バックラッシュを恐れて弱く振っていては、低弾道で伸びやかな弾道は生まれません。目標点に届かない勢いではどうしようもありませんが、越える勢いであれば、サミングで調整すればいいだけです。シャープに振り切ることで発せられる低い弾道はソフトな着水音を生み、釣れるキャストとなります。

究極は、空間の隙間を射貫くキャスト。「針の穴を通す」と言っては大袈裟ですが、ブッシュなどの隙間を通して奥に入れるのに、山なりの弾道では枝につかまってしまいます。レーザービームのような一直線の弾道が求められる、最も難易度が高いキャストです。僕も枝に弾かれてはバックラッシュしてしまいますが、バスが居そうと思えば入るまでトライします。

さて、先にも記したとおり、バスフィッシングにおいて「遠くに飛ばした方が釣れる」というシチュエーションは稀ですが、ないわけではありません。対岸や、遠浅なブレイクの先に届かせないと釣れないことはあります。遠くにも飛ばせるなら、それに越したことはないということです。

また、飛ばすだけならタックルバランスとスイングパワーですが、オカッパリでときに求められるのが、遠投した先での精度。対岸のブッシュへタイトに落とす、となると、もう感覚の世界です。ですが、同じ飛距離を出すにも、１００％の力で振り切ってギリギリなのか、85％の力で足りるのかでは、余裕が違います。その余裕は精度にまわせます。強振しない分方向性を定めやすかったり、余計に飛ぶ分にはサミングワークで微調整が利きます。

遠投に関しては、リールの性能によるところが大きいですね。DAIWAであればHLC（ハイパーロングキャスト）という遠投に特化した仕様がありますし、今はSV BOOSTというバーサタイルモデルながら遠投性能にも優れるモデルもあります。遠投を可能とするリールで感覚を磨いて精度も高めることができたら、オカッパリアングラーとしてのスキルは隙のないものとなるはずです。

◉ルアーセレクトのベーシック思考

マッチ・ザ・ベイトという言葉が昔からあります。その場所やそのときで捕食されているエサに合わせてルアーを選ぶ考えは、バスフィッシングにおいても基本としてあります。

一方で、エサとしてではない要素でも食ってくるのがバス。反射的・興味・威嚇など、バスならではの本能を刺激する狙いもルアーセレクトに加味されます。**食べているエサを意識することは大切ですが、必ずしも、本物に近いほど釣れるとは限りません。**他にも、バスにルアーを気づかせる「アピール力」や、そのフィールドにおけるプレッシャーのレベルも考慮して、ルアーを選んでいます。ちょっと複雑になってきてしまいますが、感じるままでもいいので、意識してルアーセレクトに反映してみることが大切です。では、それらの要素を1つずつ掘り下げていきましょう。

そのフィールドのバスが何を食べているか？　これはルアーセレクトにおいてベースとなる要素です。バスが習慣的に食べているエサをイミテートすることで、反応するバスは増えます。特に、バスが特定のエサを偏食している状況ほど、反応するルアーも偏ってくる傾向です。例えばバスがワカサギに夢中になっているとき。細身でナチュラルに泳ぐミノーやシャッド、そして小魚系ワームには食ってきても、丸っこくて大振りに泳ぐクランクベイトやクロー・ホッグ系のワームにはまず反応してくれないことは当然のごとく。

これは極端な例ではありますが、**食べているエサに近いルアーが効きやすいことはどのフィールドでも言えることです。**同じバスでも、フィールドごとに好まれているエサは違いますし、時期によって旬になるエサもあります。釣りをしながら、水辺にカエルが多いな。釣ったバスのノドの奥からエビのヒゲが出ているな。小魚が追われている！など、今バスが好んでいるエサは何なのか？観察しながら釣りをしています。

あと、バスも美味しいものを好んでいると感じますね。ワカサギやエビやゴリは好きだけど、フナやイナッコ（ボラの幼魚）は好まれない。ウロコの大きい魚は食べにくい？　味覚はヒトと通じるものがあるのかな⁉ なんて思っています。でも、他では好まれていないベイトが主食になっているフィールドもあります。エサとなるベイトが豊富で選べれば選り好みしますが、そうでなければ食べられるものは食べる。フィールドごとに食文化は異なり、有効なルアーも変わってくるのです。

◉リアクションで口を使わせる

条件反射的にバイトしてしまう習性がバスにはあります。この習性を逆手にとることで強制的に反応させ、食い気のないバスに口を使わせることも可能です。

リアクションを引き出す要素はいくつかあるのですが、なかでも「スピード」と「フラッシング」が代表的。スピードは、バスの目の前を高速で通過させる。高速巻きや、重めのシンカーを用いてのスピードフォールで仕かけます。逃げるものを追ってしまう。ルアーを見切らせないといった効果だけでなく、ボーッとしているバスの目の前でルアーを素早く跳ねさせたときに「パクッ!」と食ってしまうのを目の当たりにすると、無意識的に食っているのでは!?と感じてしまうことも。

フラッシングは、反射によるキラメキ。スピナーベイトのブレードの回転や、ミノー等のトゥイッチによるボディのひるがえりなどが当てはまります。メタル系ルアーはフラッシングに加えてスピードも速いので、よりリアクション効果に特化しています。また、ルアーが発生する水押し振動もバスを刺激し、リアクションバイトを誘発する要素だと思います。これら、ルアーやリグから生み出される刺激とは別に、アングラー側の演出によってもリアクション効果はもたらされます。急にバスの前に現れるエサっぽいものに対して、反射的に口を使ってしまう。バスは不意打ちに弱いのです。

加えてバスは、エサとは似つかわしくない見た目や動きのルアーにも激しくバイトします。テリトリーへの侵入者に怒って噛みつくような反応です。この「威嚇バイト」を引き出す要素が、騒がしい音と強い水掻き。この要素を備えたビッグバドやクラッカータイプのバズベイトなどは、明らかに食性とは異なった要素でバイトを誘発します。この手のルアーを使う際のコツは、バスが潜んでいそうな障害物などのキワをゆっくり通過させることです。アピール力は満点なので、広範囲からバスを引きつけそうですが、なんとなくキャストして巻いてくるアプローチでは効果を発揮してくれません。テリトリーへ騒がしく侵入してきて、しかも早々には去っていかないことで神経を逆なでするイメージです。イライラしたバスが、辛抱たまらず噛みついてくる。**強いルアーだからか？　それともテリトリー意識の強いバスはそうなのか？　釣れるとサイズがいいのもこの手のルアーの特徴です。**

蛇足ですが、威嚇バイトを感じるのはトップウォーターに多いですね。ポッパーやスイッシャー、そして羽根モノにもその効果を感じます。見た目や動きはエサとかけ離れているのにバイト誘発力が高いのは、食性以外の要素に訴えているからこそだと思います。

エサそっくりでもないし、リアクションに特化しているわけでもなく、威嚇とも違う。僕の中でそんな曖昧なルアーがラバージグ。強いて言えばザリガニ？　でも、中層を泳がせてもよく釣れる。合わせるトレーラーによってシルエットやアクションを変えられるのは、コンビネーションルアーならでは。なかでも、ポークをセットしての動きは、フワフワフニャフニャ。エサっぽくはなくても、生き物っぽい？　曖昧だからこそ、何にでも化けてくれるのかもしれない。実際にフィールドや季節を選びませんし、でかバス好みでもあります。何となくいい動き。釣れそうな動き。そして実際によく釣れる。ちょっと感覚的ではありますが、他のルアーにおいても、当てはまることはありますよ。

◉バスに気づかせる

当たり前のことではありますが、バスがルアーに気づいてくれない限り、食ってはくれません。バスが沢山いるならそのどれかがルアーを見つけてくれるでしょうが、昔ならいざ知らず、今はとても個数の少ない魚です。どこにでもいるわけではないし、居る場所でも少ないことがほとんど。

よって、せっかくバスの近くをルアー通ったときに、気づいてもらえる存在感であることが大切です。**ルアーのボリューム感や動きの強さ、色や音によって存在感は調整できます。**バスがルアーに気づきにくいシチュエーションは、「濁り」「薄暗い」「波風で荒れている」など。よりルアーの存在感がかき消されそうなほど、色は濃くするか派手にする。「ワームはグリパンがあればいい」という方がいるかもしれませんが、ドチャ濁った中で沈めてみると数センチ沈めたらもう見えません。真っ黒やチャートの方が断然見えますし、実際に釣れます。

他にも、動きは大振りに。サウンドアピールも付加してと、アピール力を高めていきます。濁っているとバスは視界が狭まるので、気づきさえすれば食ってくれやすい。しかし、逆に水色がクリア、晴天無風となれば、ルアーを見抜くし、アピール過多はバスが警戒する。リアルカラーや周囲に溶け込むような色合いで、動きも弱々しくと、存在感を控えめにしていく方向です。

また、広範囲にキャストしていくのか？ ピンスポットを狙い撃ちしていくのか？ でもルアーに求められる存在感は変わってきます。広範囲にキャストしていく場合はバスに気づいてもらわないといけないので、目立つようにします。逆に目の前に持っていけるなら、自然に魅せたい。

どちらにしても、バスに気づいてもらえること。釣れないからとルアーを小さくし過ぎると、バスに見つけてもらえず余計に釣れなくなることも多いのです。

◉プレッシャーを考慮する

かつては、カバーの魚は入れれば食う。という感覚がありました。リグも、テキサスリグやカバージグを主流に、食い渋ってもせいぜい高比重ワームのノーシンカーまで。いずれもボリューミーで、カバーの中に入れやすく、引っかかりにくいことが条件でした。

しかし、今はカバーの中に潜むバスも賢い。タックルの進化によって、スモラバやネコリグといったフィネスリグをベイトタックルで扱うことも一般的になり、バスも見慣れています。カバーに限らず、ハイプレッシャーであることはもはや前提。ただ、それでもフィールドによってスレ度合は異なりますし、同じフィールドでもエリアによってバスの警戒レベルに差が生じます。例えば、霞ヶ浦水系なら、本湖よりは小規模な流入河川の方がスレやすい。さらに障害物の少ない護岸タイプで、浅く、水色がクリアなほどハイプレッシャー化します。同じフィールドでも、ここはわりと食わせやすい、ここは特に賢い、といったクセがあるのです。**そのフィールド、そのエリアのバスが、どれくらいスレているのかを把握し、ルアーやリグを最適化することで釣果は変わってきます。**

仮にカバーを撃つにしても、リーダーレスダウンショットでテンポよく撃っていけば十分なのか？ やや入れにくくはなるけど、スナッグレスネコリグの方がバイトは増えるのか？ スモラバで中層をじっくり誘わなければ食わないのか？ いや、究極のマイクロワームの出番？ といった具合に。より効率よく、アピール力のあるルアーで食ってくるならそれの方が釣果は伸びますが、居ても食っていないと感じれば、それらを犠牲にしてでもルアーを小さくし、存在感を損なう分は、細かく刻んでバスの目の前に持っていけるようフォローします。

ハードルアーでも同様です。大振りにアクションするクランクベイトがアピール過多なら、シャッドクランクがベースに。ただ巻きには反応しなくとも、細かくトゥイッチしたら食うことも。よりハイプレッシャーなら、小型のシンキングスイッシャーへ。スピナーベイトも、小さくしたら食うことがあります。その日の天候や時間帯にもよりますが、バスの警戒心や活性を考慮してルアーやリグを選んでいます。

◉ナチュラルリアクションとは?

先に、マッチ・ザ・ベイトとリアクションについて分けて記しました。エサっぽい「ナチュラル」と反射食いである「リアクション」は対極にあるイメージかもしれません。しかし、リアクションに関しては、バスは瞬間的にエサだと思って反応していることが大半だと考えています。**エサっぽいものが急に現れたり、「パッ」っと逃げる動きに、思わず反応してしまうのだと。**

経験上、高速巻きするにしても、口元で跳ねさせるにしても、そのとき食べているエサに近いもので仕かけた方が、断然バイト率が高い。ワカサギ食いにシャッドの高速巻き。エビやゴリがピュッと逃げるような、ダウンショットの跳ねさせも、見た目に近しいシルエットや色。リアクションベイトの代表格であるメタルバイブにしても、小魚がピラッとヒラを打つイメージ。スピナベサイトにしても、釣法を見つけた当初、この反応はリアクションだと思いさらに刺激を強くしたらどうかと、スカートのカラーをピンクにしたり、ビッグウィローや振動の強いコロラドも試したのですが、露骨に反応が悪くなりました。その後この釣りをやり込むにつれ、魚だと錯覚して食っているなと。やや反射的ながら、追って食うことがほとんどだからです。実際、小魚がメインベイトになっているフィールドの方が明らかに効きます。

反射食いを促す操作やアプローチであっても、そこにはリアリティな要素もあった方がいい。僕はそ

れを「ナチュラルリアクション」と呼んでいます。エサっぽい雰囲気のモノが、反射的な要素と合致して、瞬間的に捕食本能を引き出す。リアクション効果を高めるのはナチュラルな質という、表裏一体なお話でした。

◉ルアーカラーの重要性

はっきりと言えるのは、ルアーカラーは、間違いなく釣果に影響します。が、アクションの方が劇的です。よって、本来はよほど外した色でなければＯＫなのです。が、今はバスも賢くなりルアーを見る目が肥えているので、色にもシビアになる場面は増えたと感じます。食う寸前にためらったのは、色のせいかもしれません。それでいて個体数も減っているので、気づかせることも意識せねば。このどちらにも色は影響しますから、**より釣りたいと思うのであれば、カラーにこだわるべきです。**

また、ルアーを目視しながら泳がせて釣りをする釣法では、アングラーからの見やすさを優先する場合もありますね。ナチュラルに演出するためにも、目立たせたいときにも、逆に、目立たないようにするためにも、色で調整が可能です。

とはいっても、そこまで多くのカラーを揃える必要はありません。基本的にはハードもソフトも、大きく分けて3タイプ。4タイプあれば万全といったところではないでしょうか。細かいところは好みでいいと思います。ただ、これが多彩なフィールドで釣りをするとなると、水色やエサの違いによってその内訳は多少変わりますが…基本は、「ベースカラー」「目立せたい」「弱々しく控えめに」となります。

◉ベースカラー

存在感がありつつも自然な色合い。ワームであれば、グリーンパンプキン（グリパン）が代表ですね。しかし、実際には水色がマッディかクリアかでも変わってきます。霞ヶ浦水系や五三川のような濁り気味の水色なら、グリパンやスカッパノン、ダークシナモンのような濃い目のものがベースとなります。ただ、シャッドテール系など小魚をイミテートするタイプだと、魚っぽいカラーでのやや目立つ色。これがリザーバーやバックウォーターに多いクリアウォーターになると、薄めの色合いでも十分に存在感はあるし、自然に馴染む。僕は、スモーク系をベースカラーにすることが多いですが、砂地やウィードに馴染みつつもちょっと濃い色合いをベースにすることも。シャッドテール系でも、スモーク系や、ラメ無しにしたり、透明感のある色合いなど、魚っぽくも控えめな色合いの方が見切られにくいですね。ハードルアーでは、水色がマッディであれば、派手さを抑えたチャートか、魚っぽくいくならセクシーシャッドのようなホワイト系やボーン系（乳白色）、ギラギラ過ぎないゴールド系。クリアだと、反射を抑えたマットシルバー系かちょっと透けたホワイト系が好みかな。

これらベースカラーがあって、その日の水色やプレッシャーの度合いによって、より目立つようにしたり、逆に控えめにしたり、と調整していくのがカラーチョイスの考え方です。

◎ベースカラーの例

ソフトルアー

マッディウォーターならグリーンパンプキンなどの濃い目のカラーが軸になる。クリアウォーターならスモーク系を中心に、濃さを変化させていく。シャッドテール系では、小魚を意識しつつもやや控え目が基準になる

[マッディ]

ブルスホッグダディ（ボトムアップ）/ グリーンパンプキンペッパー

ヴァラップスイマー4.2インチ（ボトムアップ）/ スモーキンシャッド

[クリア]

ハリーシュリンプ4インチ（ボトムアップ）/ KUWASEシュリンプ

M.P.S ビッグ（ボトムアップ）/ スジエビ

ハードルアー

マッディウォーターではホワイト系や控えめなチャート系がメイン。クリアウォーターになるとよりマットなシルバー系や光を透過するホワイト系などを基準に、水質やプレッシャーに応じてアジャストしていく

リズィー（ボトムアップ）/ セクシーシャッド

ビーブル（ボトムアップ）/ オーロラホワイト

◉目立たせたいときの色

雨による濁りや強い波風、そして朝夕のローライト時には、ルアーの存在感が損なわれます。しかし、ルアーの存在が曖昧になるので、バスもダマされやすい。**ルアーが目立ちにくい状況ほど、ルアーはボリューミーに、動きは強く、色は濃くまたは派手に、が基本です。**

ワームやジグを目立たせたいときに選ぶのは、最もシルエットの出るブラックか、派手なチャートやピンク。しかし、ハードルアーに比べるとじっくり見せるタイプのルアーなので、ダーク系の方が安パイ。濁ったらブラックは絶対定番カラーです。チャートやピンクも濁った状況で有効ですが、より派手カラーの効果を感じるのはローライト時。周囲が暗くなっていく状況では、ブラックよりも目立ちます。チャートとピンクの使い分けは…好みでいいと思います。ブラックは必須だと思っていますが、派手系は、グリパンチャートのような地味&派手のツートンカラーを、夕方だけ裏返して使う、なんて裏ワザもあります。しかし、シャッドテール系なんかはそうもいかないので、ド派手なバブルガムピンクなんかを1パックは忍ばせておいて損はないですよ。日没前の一番いい時間帯にもっとも魚を引っ張れる、目立ったモン勝ちのことがあるからです。

クリアウォーターでは、目立たせたくとも、ド派手までしてしまうと不自然すぎる…そんなときにマッチするのが、透け感のある派手系。透けたチャートにクリアホワイトとのツートンなんかはホワッと

◎目立たせたいときの色の例

ソフトルアー

水が濁ったり、照度が落ちた状況では、ワームの存在感を増すために、チャート系やピンク系のカラーをチョイス。特に濁りがキツイときにブラックは高い実績を持つ

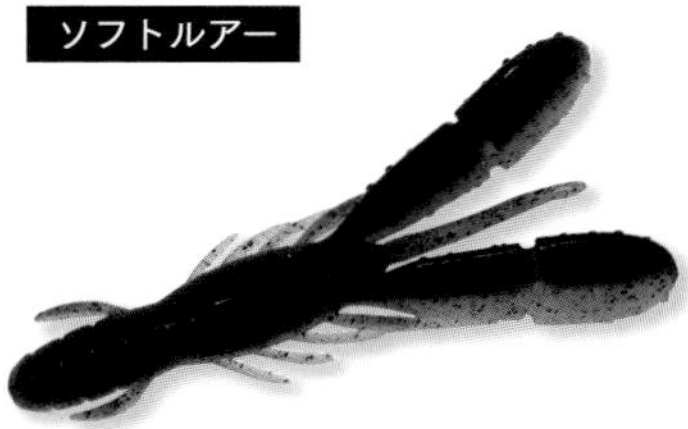

ブルスホッグダディ（ボトムアップ）/
グリパンチャート

ブルスホッグダディ（ボトムアップ）/
ブラックブルーフレーク

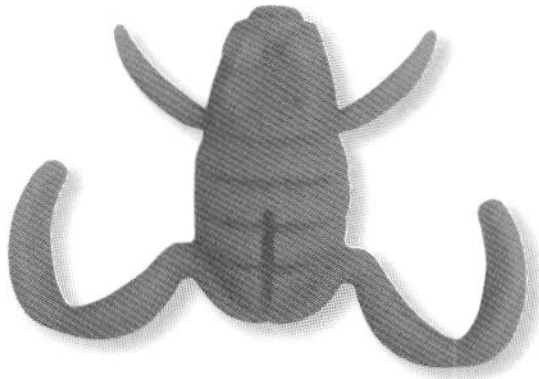

スクーパーフロッグ（ボトムアップ）/
バブルガムピンク

ハードルアー

マッディウォーターで目立たせるならチャート系が強く、中でもブルーバックチャートはアクションによる色調効果が高い。クリアウォーターでは、ホワイト系をベースにチャートやピンクが入ったカラーを選ぶ

［マッディ］

リズィー（ボトムアップ）/
ブルーバックチャート

［クリア］

ガストネード（DAIWA）/
チャートバックパール

した優しい発色で、クリアフィールドでも高実績カラーです。

ハード系で目立たせたいときは、マッディフィールドだとチャート系。濁ったフィールドでさらにドチャ濁ったとなると、クランクベイトなら、色調効果も高いブルーバックチャートがダントツに釣っています。一方クリアフィールドでは、ナチュラルっぽさを残しつつ目立たせるのに、ホワイト系にチャートやピンクの明るい色が入ったカラーなど、やや派手さを抑える傾向です。

以前、雨で濁ったバックウォーターに夕方入り直すと、水色がササ濁り程度まで回復しており、ワカサギを追ってボイルしていました。しかし、シャッドのワカサギ系カラーにはノーバイト。気づかないのか？と、透けたチャート系に換えたとたん50アップを含めて連発したこともあります。濁りがさほどキツくなく、エサを追っている状況にベストマッチしたカラーだったのだと思います。

バスがダマされやすくなるチャンスを活かすも逃すも、バスに見つけてもらってこそだということです。

◉弱々しく控えめな色

水色がクリアアップした、晴天無風、アングラーも多い、となるとバスの警戒心は高まります。**ルアータイプもそうですが、カラーに関しても過度なアピールは嫌われる傾向です。**

そうなると、ワームやジグであれば、透け感のあるカラー。ボトムに同化してしまうような弱々しいカラーの方が食わせやすくなります。スモーク系や、透けたエビっぽい色合いですね。ラメも0・2～

◎弱々しく控えめな色の例

ソフトルアー

透明度が高い場合や浅くオープンな釣り場、極度にプレッシャーにかかった状況など、バスの警戒が強いシチュエーションでは、スモーク系や透けたエビ系などの弱々しい色を選びたい

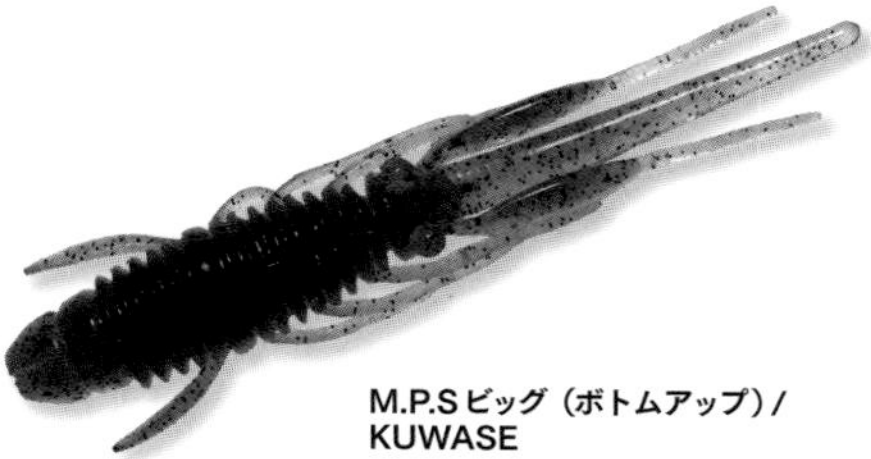

M.P.S ビッグ（ボトムアップ）/ KUWASE

ハードルアー

スピナーベイトならば、スモーク系スカートにガンメタやマットシルバーのブレードの組み合わせ。プラグでは水質に応じて、透け感のあるカラーからホワイトやマットシルバー系をチョイスする

ビーブル（ボトムアップ）/ スモーキンシャッド

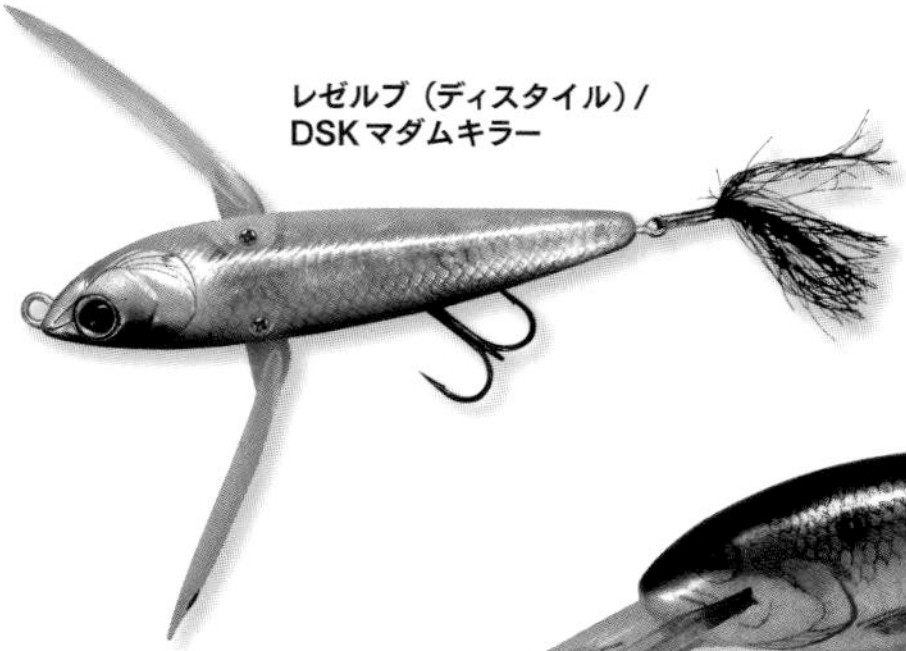

レゼルブ（ディスタイル）/ DSK マダムキラー

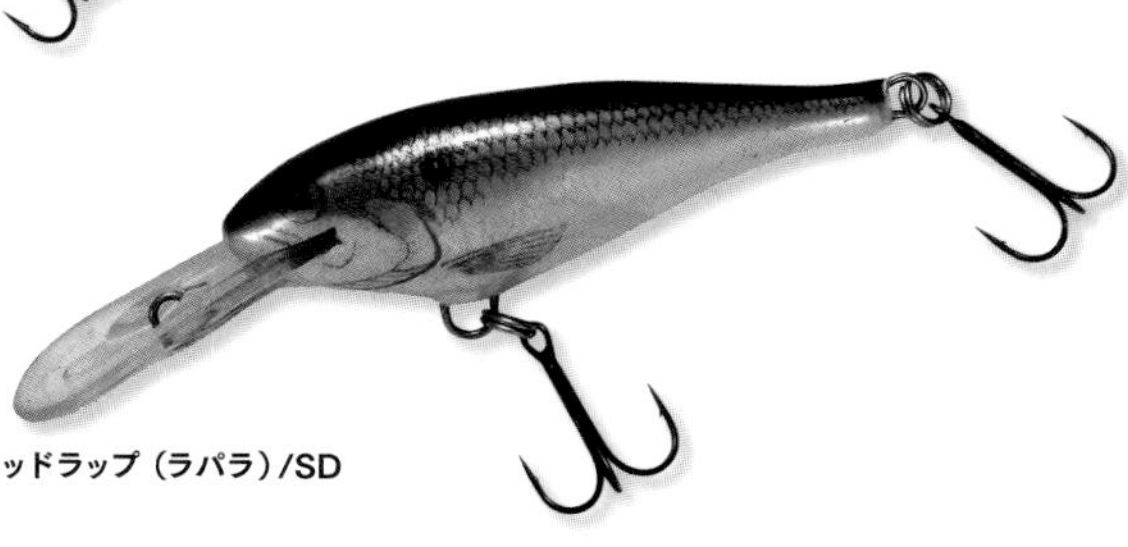

シャッドラップ（ラパラ）/SD

0・3ミリの小さめ、もしくは入っていないか。バスの近くにきてハッと気づくような、目立たない色。しかし、バスが気づきにいことはアングラーにとって不利でもありますから、それを承知のうえで、小刻みにキャストしたり、ピンスポットに絞り込んだり、サイトフィッシングで活用したりと、バスの目の前に持っていけるアプローチや条件でこそ活きるカラーです。

しかし、そうでなくとも控えめカラーの方が食うと感じたら、ボリュームのあるワームを使って存在感を補うのも一手。ハイプレッシャーが普通な昨今、この手のカラーもベースカラーになりつつあります。ハードルアーでも、スピナーベイトならスモーク系スカートにガンメタやマットシルバーのブレード。金属のフラッシングが嫌われると感じたら、ブレードにアワビシールを貼ったものも使います。

プラグでは、クリアウォーターならボディが透けたカラーもキャストしますが、マッディだとホワイト系かマットシルバーくらいまでかな。ワームよりも動きが速いので、バスが捉えられるよう、そこまで目立たなくはしないです。

◉特殊カラー

ここまでが基本の3パターンですが、これらに該当しない、限られた条件においては他を圧倒するカラーもあります。

例えば、アワビカラー。スピナーベイトのブレードに貼ることで、見えバスの反応がよくなったり、ハードプラグにおいても他ではかなわないことがあります。なかなか色の差を実感できるシチュエーションは少ないのですが…。それは春の高滝湖、バックウォーターでのこと。ルアーマガジンモバイル・艇王という勝負企画に参戦しているときでした。

バックウォーターへ遡上してきたワカサギをバスが待ち伏せする地形変化にて。数艇のボートが岬状の地形を取り囲み、その岬の根元側に入れさせてもらいました。ボートを岸に刺し、固定。ボート以外にオカッパリの方もいて、キャストできる範囲は限られます。

僕はハイカットというシャッドプラグの高速巻きがメインでしたが、同じカラーを投げ続けてはスレてしまうので、4色をローテーションしていきました。その中に1色、アワビプレートがインサートされたカラーがあったのですが、この色にしたときにだけ食ってくる！　それも投げ続けては効果がないのですが、時間を空けて投げるとその一投目にまた食ってくるのです。その間、他の色では反応がないのに…。そして、僕よりいいペースでバスをかけている人が1人だけ。で、その人とルアーがお祭りして（絡まって）しまったのですが、解こうとしたときにビックリ！　ルアーはビーフリーズLBというミノーでしたが、それにアワビシールを貼りつけていたのです。曰く、やはり差が出ることがあるそうです。結果、2日間とも食ってきたカラーはすべてアワビプレートが入ったカラー。同じ場所に同じルアーの色違いを投げ続け、しかも周りにもアングラーがいるなかでのこの反応の違いは、疑う余地のないアバロン（アワビ）パワーでした。

他にも、ミミズカラーのストレートワームにバスが好反応を示すのは、実は水中のボトムに潜むミミズが居ることを知り（衝撃でした）、実際に食われているからなんだと納得がいきました。また、減水してザリガニがそこかしこに這い出している状況で、レッド・ブラウン系のクランクが明らかに効いた経験もあります。濁った霞ヶ浦水系では本来ありえない透明なワームが、シラウオを偏食している状況ではすっかり定番化しました。

特定のエサを偏食している条件では、特定のカラーに反応が偏ることがある。**エサはやはり、全てを超越すると思わされるのです。**

◉ルアー開発者としてのカラー考

ワームのカラーを決める際、素材の色合いのみならず、ラメを入れるなら、その大きさや密度にもこだわります。水中での見え方が変わるからです。

大きなラメはギラギラと反射しますが、極小のラメは少量なら繊細さを、多めに入れるとヌラッと艶めかしい光り方をします。大小混ぜるのも、単調でない、クラッシュ感が出せますね。例えば、ブラックブルーフレークのような単調なカラーでも、少し複雑さが出ます。そのカラーをどういうシチュエーションや狙いで使うのか？　そんなこともイメージしながら仕上げていきます。僕が作るワームは、0・2〜0・3ミリといった細かいラメを使うことが多いです。昨今のタフな状況では、強くギラギラされると邪魔に感じることが多いからです。ラメの色は、ワームタイプや素材色との相性がありますが、多用するのは細かいブルーフレーク。少ない光量でも目を惹き、ゴリの斑点やエビっぽさもある。実際によく釣れると感じています。ペッパー（ブラック）もよく使います。落ち着いたトーンにしてくれたり、透けた色合いでも存在感を補ってくれたり。

他にも、パープルクリスタルはワカサギやギルっぽさを際立たせてくれる、など。さらに、ラメよりも繊細に光るのがネオン系。マイカという粒子も活用し、より魅力的な見え方を模索しています。

また、ワームの素材に混入する塩でも色合いは変わります。**塩を多く入れるほどに白濁するのですが、塩がかもし出す自然な白はなんともいい！** よって、白っぽくするときにはあえて色をあまりつけずに、塩の色を活かすようにします。また、ザラついた風合いが透明感を消すことで、プラスティックっぽさも和らぐ。しかし、本来の塩の役割は、比重の調整です。含有量やタイプによっては上下で比重を変えることで、アクションや泳ぎの安定性が変わります。塩を高密度に入れるほどに比重は重くなるので、比重を軽くしたいワームには入れる必要はないのですが…。僕は狙いの性能を維持できるのであれば、ごく僅かでも入れます。それは、質感の向上や、塩入り素材はバスに好まれると感じているからです。

プラグのカラーは、泳いでアクションしているときの見え方を気にしています。上から見ても、横から見ても、下からから見ても色調変化を見せてくれるといいですね。複雑に色が入り混じることで、ゆっくり泳がせても、速く動いているように見える。水槽で観察してみると、釣れるハードプラグの多くがこの要素を備えていることが分かります。もちろん、**開発するうえではアクションそのもののレスポンスを高めることも重要視しますが、カラーリングによってもその効果を高められるのです。**

例えばリズィーだと、背中はセンターを濃く細く吹いて、サイドにかけて薄くしていき、側面の色に繋がる。さらに、腹との境界線に設けたカドを境にまた切り換わるカラーも設けています。

リズィーのアクションはタイトで控えめなのですが、ロールアクションするとそれらの色が入り混じり、ベイトフィッシュライクなナチュラルさとバスを昂らせる刺激を併せ持ちます。

◉レンジ別攻略：ボトム編

僕がバス釣りを始めた頃から、ワームであればズル引き、クランクベイトであればボトムノックが基本とされていました。底質や起伏といったボトムの変化が分かるだけでなく、軽く引っかかった状態を利用して一点で誘ったり、外れた瞬間のリアクションバイトを誘発することにもつながります。そして、ボトムに着くまでの間によって、水深も把握できます。これらラインを通して得られる情報によって、目には見えない水中の様子をイメージさせてくれることから、**ボトムを釣ることをまず基本とするのは、今にしても不変です。**

そして、ワームのズル引きには少々コツがいります。まず、ズル引きといっても、本当にズルズルと這わせてくるだけではなく、シェイクやチョンチョンと誘いながらであることがほとんどです。

そして、リールで巻かずに、ロッドで引っ張ってくることが大切です。その方が、ボトムの小さな起伏まで手のひらに感じやすい。起伏を上っていく感触から、乗り越えた瞬間を感じ、即座にラインを送り込んでタイトに落とし込むといった、細やかな操作が利きます。

そして、軽くスタックした瞬間に引くのを止めて、深がかりも防ぐ。さらに、当然ながらロッドで引いた距離とスピードでリグも動きますが、リールで巻いてくるとこれが曖昧になります。不意のバイトに対しても、不用意に引っ張り過ぎず、アワセに持っていきやすいはずです。グリップは手に乗せるように軽く握ります。起伏へのスタックやバイトに対して、ロッドが自動的に追従してクッションすることから、より軽いスタックにとどめ、バイトに対しては食い込みを深めてくれます。

ロッドはヨコにさばいてズル引くのが基本。タテにさばくよりラインの弛みが少ないうえ、リグがボトムから浮きにくくなるので、よりボトムの感触が鮮明に伝わります。体の真横からあまり後方にまで引きすぎてしまうと、バイトに対してアワセにくくなるので、真横付近まで引いたらラインスラックを回収しながらロッドを前方に戻しています。ただ、スタックが多発する場所では、ロッドをタテにさばいた方が根がかりしにくいので、ケースバイケースではあります。バイトが多いのは、起伏を乗り越えて落とし込んだところや、軽く引っかかってプルッと抜けた直後。その瞬間にはロッドティップを送ってラインを即座に弛ませることが、より食わせるコツと言えます。

◉レンジ別攻略：中層編

中層は、感覚の世界。ボトムは感触がダイレクトに伝わるのでわかりやすいですが、中層はその感触がありません。スカスカの手応えのない曖昧さに、苦手意識がある方も多いと思います。しかし、バスは中層にサスペンドしている（浮いている）ことが多い魚です。そもそも水深が浅かったり、ボトム付近に浮いているのであれば、ボトムの釣りでもバスにルアーを見つけてもらえますが、完全なる中層に浮いているとなると、やはり中層を攻略する必要があります。

僕自身、もともと水深の浅い霞ヶ浦水系で釣りを覚えてきたので、中層と言ってもそれほど幅はありませんでした。せいぜい2メートルぐらいの範疇です。

それが、初めてリザーバーに行ったときは、どうしていいか分からなかったのを覚えています。ワームを落とし込んでも、ラインを出しても出してもボトムにつかない。頑張ってボトムまで落としても釣れないし、中層で誘おうにも、水深10メートルほどある中のどこを泳がせたらいいのか検討もつきません。誘ってくれたオリキン（折金一樹）に「2メートルしかないと思って釣りしてみな」とアドバイスされ、2メートル辺りから下はないものと割り切ってスモラバをフワフワしていくと、そこからは次々と釣れたことは、その後にも活きたまさに金言です。ここでの「2メートル」は感覚でしかなく、それこそ深くなっていくほどに、本当に狙いの水深で誘えているかは怪しいものです。まあ、今となっては経験値で大きくは外していないはずですが、自分でも、ある程度その感覚に自信があるのは4メートルくらいまでですかね⁉ ディープはめったにやらないので、感覚が養われていません。**そう、中層はやはり感覚の世界なのです。しかし、今のところ、厳密に把握できていなくてもいいと思っています。だいたいでいい。**

水色が濁っているほどバスの近くで誘わないと気づいてもらえませんが、総じて、マッディフィールドは浅く、であればタナのズレは少ない。リザーバーのような深いフィールドが雨で濁ったら中層はやりません。そんなときはシャローの方が釣れます。一方クリアウォーターであれば、多少タナがズレていても、バスの方から気づいて来てくれる幅は広がります。

ただ、意識しているのは、**マッディでもクリアでも、バスがいるであろうレンジより上で誘おうということ。**バスにルアーを下から襲わせるイメージです。バスに気づかせやすく、それでいてルアーより先にバスに近づいてしまうラインはルアーよりも上にあるので、バスに悟られにくいことがメリットです。

例えば、バスは見えていなくても、ルアーは見えるレンジを泳がせてくれれば、確実にバスより上のレンジで誘えていることになります。もっと深めだぞ、となれば、下のレンジにズラしていく。

ここからが目に見えないので感覚になってくるところ。そんなときは「カウントダウン」します。沈めたレンジを数字化しておくと、バイトがあったときに、次も容易に同じレンジで誘えます。また、バスがボトム付近に居そうだな、と思えば、一旦リグをボトムに着けてから、ポンッと跳ねさせてボトムから少し上を誘ってくるのも有効です。

こんなところで、あとはいい意味でテキトーに。曖昧でも釣れますから。「習うより慣れろ」です。

もうひとつ、バスがどの層にいるか掴めていない、もしくは上から下まで可能性があるならば、カーブフォールを多用します。**水面からボトムまでカーブフォールさせれば、すべての層を泳がせてくることになるし、同時に横方向にも探れています。**水平方向のスイミングでは横方向への効率はいいものの、一定の層しか探れません。垂直フォールでは、全ての層を探れますが、その一点です。カーブフォールはその中間。水平に泳がせるよりは時間がかかり、一点での誘いも出来ない代わりに、タテにもヨコにも同時に探れるので、バスとの遭遇確率は高い。中層の展開で困ったときに重宝するメソッドです。エサがボトムに追い込まれる格好になるのもいいかな。垂直フォールよりは自然に演出できます。

リグは、グラブやシャッドテールワームのようにテールがピラピラなびいてくれるタイプであれば、着水後、もしくはロッドをあおった後はロッドを動かさずに、自然に手前に寄ってくるようにします。

スモラバ＋ピンテールやジグ＋ホッグのような、ロッドで誘った方がいい動きを発するタイプは、カーブフォール中に誘いをかけますが、そのときに注意しているのは、ロッドで引っ張り過ぎないこと。リグを直接動かすというよりは、ラインスラックを叩く感じで、自然なカーブフォールは妨げずに、生命感だけ伝えている感じです。

また、ワームやジグに限らず、スピナーベイトを徐々に沈ませながらゆっくり巻いてくる「カーブスローロール」も、タテ・ヨコ同時に探りながらボトムに追い込まれる演出という意味で、同じことが言えます。

◉レンジ別攻略：表層編

バイトシーン丸見えのトップウォーターが好きな人は多いと思いますが、僕にとってはその楽しさ以上に、「釣るため」の選択として欠かせません。

僕が釣りを始めた当初、今から30年以上前になりますが、トップウォーターの釣りは上級者向けというイメージがありました。ペンシルベイトのドッグウォークアクション（左右に首を振らせる操作）を上手にできたら一人前。トップで出したらエライ!? みたいな。でも今は、水面の方がダマしやすいといった有効性と、羽根モノのようなただ巻くだけで魅力的にアクションするタイプも浸透したことから、トップ＝難しいという考えは払拭されたように思います。

実際にトップウォータールアーは、スレたバスにとても有効です。水面を叩くサウンドや飛沫は、バスを寄せるチカラも昂らせるチカラも強い。飛沫や泡をまとうことでルアーの実在をボカし、バスに見切られにくい。そして水面はバスにとってエサを追い込む捕食場でもある。バスが水面を割るには水温が低くないことやシェードやローライトといった条件はありますが、トップはバイトを得るのにとても有利なのです。このように水面では、「気づかせる」「だませる」「怒らせる」要素が強調されます。

そして個人的には、**「泡をまとう」トップウォータールアーはよく釣れると感じます**。例えば、ライブリーに首を振っていても、下から見上げると、棒のような硬い動きでとても美味しそうに見えない。それが、ボディが泡をまとってくれると、実態がボヤけてごまかされます。特に、ボディの前方で水を掻くポッパーやダブルスイッシャーはその効果が高いタイプです。

トップウォーターは大きく分けると、羽根モノやバズベイトのようにただ巻きで泳がせてくるタイプと、ポッパーやペンシルベイトのようにロッドワークで操るタイプがあります。

前者のただ巻き系は誰が使っても魅力的にアクションしてくるイージーさ。そして、着水直後から巻き始めることで、ラインを水面につけることなく、バスにルアーだけを見せることも可能です。しかし、巻くだけゆえの動きの単調さと、ピンスポットでの食わせには向きません。ただし、羽根モノではデッドスローに特化したモデルもあるので、特例はあります。後者の操作系は、使い手のテクニックや思惑次第でアクションが変わります。移動距離を抑えて首を振らせるには慣れを要し、同じルアーでも、「チョポン」や「ゴポッ！」など強弱の調整が利く。ポーズを交えながら移動距離を抑えて誘えるので、ピンスポットでの食わせも得意です。誰が使っても同じでないことは、差を出せるという意味でメリットにも転じます。ただし、ラインで水面を叩きながら操作するので、その時点で警戒されて不利になる状況もあるとは感じます。

トップウォーターが有効なシーズンは、基本的には5月から10月まで。スポーニングを終えてからと、水温が下がってシャローからバスが離れてしまうまでです。しかし、フィールドや日並みによっては2月下旬からキャストします。例えば、産卵で遡上してきたワカサギを追ってボイルしている状況でペンシルベイトを。同じく産卵のため水辺に出てくるアカガエルをイミテートしてフロッグを、といったエサにバスが引っ張り上げられているケースです。初冬でも、12月の霞ヶ浦水系にて、ポッパーでグッドサイズを仕留めたロケもありました。冬でも異様に暖かい日には、トップが有効になることはあります。

◉貴重なアタリを捉えるには？

ワームやラバージグでアタリを出すコツは、着底直後や何かを乗り越えた瞬間など、食わせどころでラインテンションを抜くことです。しかし実際には連続的な操作の最中に食ってくることも多いので、**一回ごとの誘いの中で、必ずラインを緩めています。**一回引っ張ったら、一回緩める。

素早いシェイクはそれの連続で、張って緩めるを高速に繰り返していることになります。マイクロピッチシェイクのような1センチの上下幅でシェイクしていても、ラインは必ず緩めます。ズル引きはライン張りっぱなしのようですが、ズルズル…と引いたら、やはりラインを弛ませる間（ま）を設けています。

ではなぜラインテンションを緩めるのか？　4つの意味があります。

1つは、ボトムの起伏に対して、タイトに沿わせるため。ラインを張りっぱなしで誘ってしまうと、リグが浮いてしまったり、ポンポンと起伏を飛び越えてきてしまいます。浮き上がりを抑えるという意味では、中層を誘ってくる場合も同様。一定層をキープしたり、落とし込みながら誘ってくるのは、張っては（持ち上げる）緩める（沈める）の調整によるものです。

2つめは、バイトチャンスを与えるため。「食うなら今！」みたいな「隙」を与えることです。それは一瞬の間（ま）であったり、高低差のある落とし込みなら、自然にフォールして倒れ込むまで、ワームが勝手に動いてくれることを邪魔しないこと。テンションを抜いてラインの存在感を弱めることも、バイトに繋がると感じています。

3つめは、食い込みをよくするため。バスは吸い込むようにバイトするので、ラインが張っていると、吸い込みを妨げてしまうのです。スモラバを中層に宙吊りにして細かくシェイクする釣法では、ラインは張っている状態になります。口にスッポリ入りやすいコンパクトさに加え、針先は常に上を向いているので、本来は最もフッキング率が高い釣りです。しかし、近年は警戒して疑いながら口にするバスが増えたことで、針に掛からない、もしくは一瞬ノッて抜けてしまうケースが増えました。ロッドティップに重みが乗る＝バスも違和感を感じた瞬間に吐いてしまう感じ。ティップの直下で誘うダイレクトな釣法なので、いかんともしがたいところです。

そんなショートバイトへの打開策が「振り落とし」。スモラバをシェイクしながら徐々にティップを下げていく誘い方です。上から下のレンジまで探るのに用いていましたが、ティップを下げてラインが緩んだ瞬間に食ってくれるとバスの口の中へ自然と送り込むようになり、フックアップ率が上がることに気づきました。**紙一重のところで抜けるか、掛かるか、ラインテンションが分かれ目になるひとつの例です。**

そして4つめは、いいアクションを出すため。ラインが緩んだ状態から「ピン！」と張ることで、メリハリの利いた動きが出る。一瞬だけ張って「ビクッ！」とさせたり、「ピリピリピリッ」と痙攣させたり、「ピュッ!」と急に逃がしたり。繊細な動きも踊るような動きも、「緩めて張る」緩急がついているからこそ、生命感が宿るのです。

ラインを張ってしまうと、フォールもボトムもタイトに探れない。ラインを目立たせてしまう。食い込みを妨げてしまう。いい動きが出ない。とロクなことがありません。アタリを感じようとすると、アタリも減ってしまいます。ロッドの操作は「張って緩めて」の繰り返しです。その強弱やリズムによって、動かす距離や跳ねさせる高さ、そして手前に寄せる速度を調整しているということです。

◉アタリのとり方

アタリをとるのは、手元に伝わる感触と竿先の動き、そしてラインの変化で感知します。フリーフォール中など、ラインを弛めて手元に感触が伝わらないときにはラインの動きでアタリをとります。アタリを感じようと、ラインを張らないことが大切です。**自然なフォールとアタリの感知を両立する張り加減を「張らず緩めず」と表現しますが、僕は張らず緩めずよりむしろ「緩める」くらいがいいと思っています。**張らず緩めずだと、ちょっと引っ張っている感覚があり、完全なフリーフォールにはなっていないからです。

手元に感じるアタリは「コン」と生命感が明確に伝わることもあれば、「ノソッ」っとした重みが乗るだけでほぼ動かない場合もあります。経験値があれば、動かないアタリでも対応できますが、慣れない人にとっては、アタリとは思えないこともあるでしょう。そんなはっきりしない感触には、アタリを聞いて確かめます。ラインを張って、そっと竿先で聞く。そのときに相手がサカナだったら、生命感が伝わってきます。

より鮮明にアタリやボトムの感触を感じるために実践しているのは、ラインを指で触れながら操作することです。指先の感覚が鋭いのと、直接ラインから伝わる情報はダイレクトなので、体感感度が高まります。ハンドルから手が離れるためラインスラックの処理を常には行えないのがデメリットですが、感度を優先したいときには効果があります。

感度というのは、なにもアタリを感じるためだけにあらず。ボトムを感じるにも、中層で誘っているときだって、ピンピンピン…とラインが張るリズムを感じたい。イメージどおりに誘えているか？あらゆる情報を得るために、感度は「常」に必要なのです。

◉キャッチ率を上げるフッキング～ファイト～ランディング術

バスフィッシングをしていて、至福の極みはフッキングが決まった瞬間！アドレナリン全開。フルパワーフッキングしすぎてのアワセ切れが、かつての悩みでした。しかし、バラす一番の原因は、「フックが刺さりきっていない」こと。バーブ（カエシ）まで貫くことが何より大切です。

フックがぶ厚く貫通していれば、ファイトが下手であってもバレないもの。針先に貫通させる力が伝わるよう、「アワセはしっかり力強く」が基本です。スピニングタックルで細いラインを使っていても、アワセ切れしないようドラグ調整をしておき、フルパワーとはいかずともやはりしっかりアワセます。アタリがあったとき、脳裏にアワセ切れがよぎって弱めにアワセたときは、バラすことが多いですね。そのためには、細すぎるラインを使わないことや、ラインチェックをマメにすることも、いいアワセをすることに繋がります。

あとは、薄皮一枚で刺さってしまうと身切れしやすい。これは、使うフックのサイズや形状によって起こりやすい部分です。ナローゲイプ（フトコロが狭い）のフックに太いワームのように、ワームサイズに対して小さいフックはゲイプ幅の大半をワームが占めてしまうので、なるべくしてなります。

◉ワーム&ラバージグのアワセ方

アワセにもスタイルやクセなど、人それぞれありますね。即アワセ・巻きアワセ・ワンテンポおいてからガツン！ラインを送ってしっかり食い込ませるなど。

ワーム&ジグのアワセにおいて、まずお手本とするなら、バイトを感じたらロッドを前方に倒しながらラインスラックを回収し、しっかりアワセることです。ロッドストロークを使ってしっかりアワセられますからね。しかし、バスの疑い食いも多い昨今、ルアーを口にしても、違和感を感じたら吐くバスは居ます。「陸王」のプラクティスでは、針先を折ったフックをさらに内側に曲げて掛からないようにしているのですが、落としたら食うような状況だと、グイグイ引っ張ってなかなか放してくれません。このように疑いなく食ってくるときは、ほぼバラしません。

一方で、バイトを感じてラインを引っ張ると、すぐに放すような疑い食いだと、食いつきが弱くバラシやすい。ならば、放される前にアワセた方が得策だとも思います。

そう、**バレるバレないは、バスの食い方によるところも大きいのです。**ショートバイトになりやすい最たる釣りが、真下にスモラバなどを宙吊りにする釣法。食った瞬間、ダイレクトにロッドティップが反発するので、放されやすい。即アワセがベストです。しかも、即アワセが決まると、針が上を向いている状態から刺さるので必ず上アゴを捉えます。バイトの感知が遅れてティップが引き込まれてからアワセ返すと、バレることが多いです。

ヘビーカバーの中で食わせたときにも、あまり待つのは得策でないと考えます。食ったバスが反転して、カバーの奥に入られてしまってからアワセても、巻かれて動かなくなる確率が高まるからです。即アワセがベストとは限りませんが、ワンテンポ置いてガツン！　そのワンテンポのうちに、しっかりアワセる態勢やラインスラックの回収が出来ていれば申し分ないところです。

また、遠投した先で食わせたときには、ラインスラックを巻き取りながら、バスの重みを感じたところから大きなストロークでアワセるのが理想でしょう。イトフケも多くラインも伸びるので、フッキングパワーが伝わりにくいからです。こう記しつつも、僕自身は苦手なアワセ。つい瞬間的にアワセてしまう、クセですね。バイトがあったらラインを送り込まなければ掛からない経験は、今のところないのですが、ロングワームなどではあるのかもしれません。ただ、不必要なほど送り込んで、フックを飲ませてしまうのは避けたいところです。

スモラバのように小さなボディの大半をフックが占めているタイプほど、バイトを感じた時点でフックも高確率で口の中ですから、食い込ませる必要はありません。でも、ロングワームにワッキーフックではその逆のことが言えますから、本当にアワセはケースバイケース。バスの食い方や距離感、ルアーによってアワセ方も変えられることを意識してはいます。

◉バラシを減らすポイント

フッキングが成功したら次はやり取りに入ります。ファイト中は、ラインを緩めないことが何より大事。フックがしっかり貫通しているとは限りませんから、掛かりが浅いことも想定してファイトします。特に、バスがジャンプして首を振ったときにルアーを飛ばされることは多いので、跳ねたときには、ロッドをより曲げるくらい引っ張ってテンションをキープします。とにかく、ロッドを常に曲げた状態をキープして、ラインを弛ませないことです。**ファイト中、過剰に素早くロッドを切り返すのは逆効果。**一定のテンションが崩れますし、フックが外れる方向に働くかもしれない。バスが方向転換した動きに追従して、ロッドに重みを乗せながら切り返します。

そして魚が近づいてきたら、フックの掛かりどころを目視します。しっかり掛かっているのが確認できて、なおかつタックルに抜き上げられるパワーであれば、そのまま抜き上げるのがベストです。

ハンドランディングでもネットランディングでも、水面までバスを浮かせるとジャンプさせる余地を与えてしまいます。であれば、一定のラインテンションを維持したまま、抜き上げてしまう方が確実です。ボートではネットをデッキに置いておけるので、バスを寄せてすくうまでがスムーズです。一方、オカッパリでは、ネットを引き抜いてから柄を伸ばしたりと、ややもたつくし、気を取られる。どのタイミングでネットを引き出して、水面で暴れさせずにすくうかは、実はけっこうテクニカル。わざわざネットを使うことでバラシてしまうケースもあると見受けられます。

個人的にはですが、足場が高くて手が届かない場合に限りネットを使います。抜き上げるか、ハンドランディングの方がスムーズだし、移動も身軽だからです。あ、思い返すと、手は届く高さでも、斜め護岸はネットの方がいいかもしれませんね。寝っ転がれず、抜き上げた直後に針が外れると、バスが転げていってしまうからです。

ハンドランディングにせよ、ネットインにせよ、キャッチ寸前はバレやすい。タックルのクッション性も小さくなって、しかも水面で暴れるからです。ここで注意してほしいのは、ロッドを立てないこと。

最後にロッドを真上に立てて寄せる人は多いですが、ロッドのクッションが効かなくなります。**ロッドを寝かせた状態で体の後方へ下げます。エリアトラウトの人もよくやる方法ですが、このロッド角度だと、魚の動きにロッドが追従してくれます。**

僕はランディングもバスフィッシングの腕の見せ所だと思っています。瞬時に抜き上げるか？ハンドランディングか？の判断をしたり、バスの動きを見て、一瞬を逃さずにキャッチする。また、乾いた地面の上に抜き上げないといった、魚体に対する配慮も大切。僕はバスを抜き上げたら、バスが宙を舞っているうちにラインをキャッチしてバスが地面に触れないようにします。そして、計測や写真撮影をするにしても、長時間水から出しっぱなしにしないことも心がけたいですね。リリースするのであれば、元気な状態で帰してこそ、です。

◉カバーを攻略するために心がけること

かつて、カバーフィッシングは入れれば食ってくる感覚でした。キャストの上手さが釣果に直結した時代でもありました。これは今でも大事ですが、以前のようにカバーに入れたら素直に食うことは少なくなってしまいました。

それでも、バスはやはり障害物に隠れるのが好きなサカナ。僕の釣りにおいても、カバーフィッシングはメインであり続けています。かつてと今で比較すると、よりフィネス化したということと、アプローチに慎重になりました。**カバーフィッシングは基本接近戦。バスに気づかれさえしなければ、近いほど有利です。**キャストの精度は高まり、着水音も抑えやすく、手返しもよくなる。繊細な誘いが利き、フッキングパワーもロスしないし、掛けてからもカバーから出しやすい。究極は「真下を釣る」です。しかし、「バスに気づかれなければ」が前提なので、真下を釣るには、バスからすると人が真上に来ても気づかないほど水面を覆いかぶさっているカバーであったり、水が濁っていることが条件。他には水面に落ちる人影も気にします。

大抵は適度な距離感を保って撃っていきますが、水色や水深、カバーの種類と規模、そして、波風によって最適な距離感を見極めていきます。近づけるのは、水色が濁っているほど、水深は深いほど、カバーが濃いほど、波風もある方が、警戒心は薄れますね。ただ、近づくにしても、足音や人影には気を遣います。歩き方は習慣でもあるので、足音が大きい人は自覚はなくても大きい。取材などで、ライターさんカメラマンさんに「足音静かめでお願いします」と伝えても、差はありますね。

水色が澄んでいる、水深が浅い、カバーが薄い、ベタナギと、バスからこちらの存在が悟られやすいほど、ディスタンスはとります。また、木や岩に自分の身を隠したりもする。もう、これはカバーフィッシングに限ったことではないですが。

カバーとの距離感は、自分のキャストスキルとも相談です。**遠目からザツになってしまうよりは、狙えるところまで近づけるならその方が得策です。**例えば、対岸のカバーにキャストが届くとしても、自身が対岸に回り足元を丁寧に探れるのであれば、その方が釣れます。

段差を降りるときにも、飛び降りないで、そっと。ソフトに歩いて、自分の影が水面に落ちるなら水辺から離れて歩いたり、座って影を小さくして釣りをしたり。キャストする前に、釣れなくしてしまっている人は、けっこういますよ。意識することが大事。


そしてカバーへのアプローチ。**バスがそのカバーのどこに着いて、どちらを向いているかまでイメージして撃ち込みます。**流れがあれば、バスは流れに頭を向けているので、どちらを向いているかは分かりやすい。奥行きや広さのあるカバーであれば、撃ちどころを選びます。例えば岸から沖に張り出したブッシュであれば、根元まで水深はあるけど、流れは届いていないな。外側は流れがキツすぎるか!? ならば中ほどが居心地よさそうか? とか、特に枝ぶりが濃い、ブレイクに絡んでいる、など…。闇雲ではなく、要所となる何点かを見定めて入れていきます。

もっと広い目で見れば、そのカバーの立地条件にも着目します。水深や水色、流れや波当たりの強さなど。実際にバイトがあれば、バスがいた条件を参考に、カバーの質や着く位置を絞り込んでいくことで、ムダ撃ちを減らせます。

また、バスを掛けた後のことも考えて撃ち込みます。できるだけスムーズにカバーから出せるアプローチを選択します。対岸のブッシュの上からスルスルと落とせば静かに落とせるけど、掛かっても出せない。ならば下からスキッピングで滑り込ませた方がイイな。いや、この枝の太さなら、掛かったら折れてくれるな、といった判断です。カバーフィッシングでは、カバー越しにバスを掛けることは日常茶判事ですが、乗り越えられるかを見極める必要があります。仮にバスがロックしても、手が届くなり、ネットが届くなり、取り込めることを想定しておきます。あからさまにキャッチできないところへは入れないことです。

また、バスがロックしたときに、強引に引っ張るのはNG。身切れやラインブレイクするのがオチです。距離を詰めて、真上から引き抜く。手で捕まえに行くのが鉄則です。ボートはそれを前提で撃てますが、オカッパリはそうもいかないことがあるのは現実です。しかし、逆にオカッパリならではの利点もあります。木のブッシュに限られますが、下へ潜り込めるからです。**葉が豊富に茂っていると、潜り込まないと分からない世界があります。**土台の根が一部だけエグれていたり、水中に入る枝の様子や、枝からも根っこが水中に垂れていたりと、バスが着きそうなところへ正確に落とせます。ただ、周囲を枝に囲まれているので、チョイ投げしかできませんが。アワセにくいのも難点ですが、オカッパリならではの狙えるサカナだと思います。

近年のカバーフィッシングでは、枝などにラインを引っかけ、リグを吊るして一点で誘う釣法が流行りのメソッドになっています。一点で誘い続けることが可能で、水面で波紋を出したり、水面上で踊らせて焦らせたり、中層をじっくり誘えたりと、食わせに長けた釣法です。スルスルと落としていき、着水音も抑えられる。

かつてはほぼスモラバでしたが、スナッグレスネコリグ、虫系もトップのみならず沈むタイプも出てきたりと、バリエーションも多彩になりました。しかし、やる人が増えると、効果は衰えるのはバスフィッシングの宿命。今はむしろ、吊るすと見切るバスも増えてきました。じっくり誘えるメリットは、逆に、じっくり見られることでもあるのです。依然有効なアプローチではあるものの、それ一辺倒では通用しなくなっているということです。

一点での誘いを見切るバスに試したいのが、逃げる演出。一瞬見せて、そこから逃げていく。着水させたらすぐに泳がせて、そこから逃していくと、これにはもんどりうって食ってくるバスがいる。シャッドテールワームのノーシンカーでよくやるのは、スキッピングさせ、返す刀で巻き始める方法。対岸がコンクリート護岸だったら、このカベに斜めからスキッピングを当て、追い込まれた小魚がカベ沿いに跳ね逃げていく演出もします。スキッピングが終わる瞬間を見計らって巻き始めると、急に方向転換して泳ぎ始める。この瞬間に食ってくるバスがいます。強制的に捕食スイッチを入れられる有効な手段です。

一点で誘うのか、逃がすのか。どちらも効果的な場面があるので、適切なカバーへのアプローチを、状況に合わせて選択する必要があります。

◉岸釣りでパワーフィネスは有効か？

ベイトフィネスタックルの浸透により、カバーの中にフィネスリグが投じられることは一般的になりました。さらに、硬いスピニングロッドに1・5〜2号クラスのP・E・ラインを合わせた「パワーフィネス」によって、ベイトフィネスタックルでも対応できないヘビーカバーの奥までもフィネスリグでの攻略が可能になっています。ただパワーフィネスに関しては、ピンスポットにキャストを決めるのはカンタンではありません。熟練を要します。だからこそ、他を圧倒することもまた事実なのです。

とは言いつつ、現時点では、僕はパワーフィネスを積極的には取り入れてはいません。このメソッドが威力を発揮するほどのヘビーカバーフィールドであるうえで、ボートでこそ活きると思っているからです。確かに、カバー越しにでかバスを掛けてもラインブレイクの可能性は無いに等しい強い道具立てですが、掛けたバスがカバーにロックしてしまった場合、上方から引き抜かないとバスは抜けてきません。ボートであれば寄っていって、50クラスであろうと引っこ抜けますが、オカッパリの対岸で掛けた場合にはそれが適いません。

また、こと食わせることに関しては、間違いなくベイトフィネスの方が長けています。パワーフィネスに用いる不透明なP・E・ラインとヘビークラスのロッドの組み合わせに、繊細な食わせを求めるのはムリがあります。そして、ベイトフィネスタックルは、カバーのみならずオープンウォーターでも戦力になりますが、パワーフィネスは本当にヘビーカバー専用になってしまう。一時取り入れてはみたものの、「これでなければ」という場面はあまりに限られるというのが個人的な見解です。

パワーフィネスとベイトフィネス。カバーでフィネスリグを扱えるという点では一致していますが、似て非なるもの。もちろん、オカッパリでパワーフィネスが活きる場面もないわけではありません。足元がヘビーカバーで、なおかつパワーフィネスでも十分食わせられるなら出番もある。でもかなり限定的だと思った方がいいと思います。

また、パワーフィネスとは異なりますが、ライト〜ミディアムライトほどのスピニングロッドに、0・6〜0・8号ほどのP.E.ラインを巻いて、1・5号ほどのフロロリーダーを組むセッティングは使用頻度が増えています。フロロラインよりも軽量リグを遠投でき、飛ばした先でのフッキングもしっかり決まる。強度にも余裕が出るので、ライトカバーに絡めて誘うのにも用います。3・5〜5グラム程度のメタルバイブをレスポンスよくリフト&フォールさせるにはもう絶対と言っていいほど。P.E.ラインは長持ちしますので、一台スピニングリールに巻いておくことをおすすめいたします。

◉カバーの優先度

カバーを攻略する上で大事なのは、そのフィールドにおけるカバーの優先度。これを意識しないと、ムダ撃ちが多くなってしまいます。

アシがひたすら続くバンクであれば、アシ際の水深が他より深い。エグレている。張り出している、ブッシュが絡んでいるなど、よりよい環境を選り好みしてバスは着いています。逆に、ひたすらコンクリート護岸が続くのであれば、コンクリの切れ目から生えた植物の根っこが水中に垂れ下がっているだけでも、一級スポットに成り得ます。杭であれば、1本よりは2本、それも斜めに交わっている。水中に沈んでいるのがうっすら見える。流れてきた枝が絡んでオダ状になっているなど、より複合的であるほど撃つ価値あり。周囲環境とのバランスによって、優先順位が異なります。**バスフィッシングは、いかに効率を高められるかが究極のテーマ**だと思います。それは広範囲をテンポよく探る、という意味合いではなく、バスがいるところに、そのバスが食うルアーをどれだけ回数多く投じられるか、という精度の部分です。

フィールドに立ったら周囲を一望し、バスが着くならどこか？の見当をつけます。分かりやすいものから、微かな変化を拾う場合もあります。季節によってもバスの着き場は変わりますし、他にも要素はありますが、いい場所を見抜くことが、そこを撃つ釣りにおいてもっとも釣果に直結します。

最後に、以前のようにカバーに入れたら素直に食うことは少なくなってしまった、と記しましたが、バスはカバーを好む習性である以上、カバー撃ちは不滅です。攻略法こそ多様化していますが、**僕が釣れなくて困ったときこそ、頼るのはやっぱりカバーなんですよね。カバーは裏切りません！**

◉見えバスにハマらないためのサイトフィッシング術

僕自身、昔は見えるバスは釣れる気がしませんでした。見えている時点であきらめるぐらい。水が濁っている霞ヶ浦水系出身で、バスを見て釣るという習慣もなく、たまに見えバスと遭遇しても食わせられないことがほとんど。でも今となっては、サイトフィッシングは好きな釣りです。バスの反応が見えることはやはり面白いですし、見えるバスが多いほど単純にチャンスです。

サイトフィッシングは、「このルアー・テクニックがあればいい」というものではありません。**バスそれぞれによって反応するツボが違い、正解はひとつではないからです。よって、見えバスに対する持ち駒を複数持ち合わせているといいですね。**僕であれば、オリジナルなところでスピナベサイトがありますし、バスの口元で跳ねさせるリアクションダウンショットも多用します。なかなか反応を示さないバスが、ブルーギルタイプのゾーイや、アベンタクローラーRSなどの羽根モノには反応することもある。他にも、シンキングスイッシャーへの顕著な反応も見るし、マイクロ系の極細ワームにまでフィネスに特化させるとあっさり反応するバスもいます。そういったルアーやアプローチ法などの手駒は多彩に持っていた方が、反応させられるバスも多くなります。

サイトが得意でない人は、バスとの距離感がよろしくない、キャストの精度がイマイチ、など考えられますが、ルアーが合っていないことでも反応しないので、色々試してバスのツボをうかがってみることをおすすめします。

基本的に、見えているバスに口を使わせることは難しい。バスに人間の存在を悟られていなければ確率はグッと高まるのですが、こちらがバスを見つけた時点で、バスもこちらに気づいていることがほとんどです。キャストした瞬間にダッシュで逃げてしまうようなバスは深追いしませんが、食わずとも、反応したならやりようがある。反応せずとも、ルアーや誘い方を換えると反応が急変するバスもいます。距離感やキャストもシビアになるけれど、反応も食った瞬間も見える釣りはやはり面白いです。

一般的に、サイトフィッシングではバスの近くにダイレクトに着水させるのはNGとも言われますが、そうとは限りません。むしろダイレクトに入れるからこそ、急にルアーが現れる演出になり、反射食いを引き出せることも多くあります。たとえばスピナベサイトは、バスの近くに入れないと成り立ちません。バスから離れた場所にスピナーベイトを着水させてバスに近づけてくると、バスに早い段階でスピナーベイトの存在を気づかれてしまう。それではとっさの演出にはなりませんし、自らバスの前に向かってくるエサというのも不自然です。むしろ、バスの方が逃げてしまいます。ピチャンと跳ねて潜っていく小魚が、急に目の前に現れたようなイメージ。小魚っぽさとフラッシングが相まってのナチュラルリアクション。見せすぎないからこそ、突発食いを誘発します。

リアクションダウンショットリグも、バスの口元で仕かけてこそ。バスの口の前にストン！と落としてピョン！と跳ねさせるメソッドは、食い気のないバスや、バスにこちらの存在を気づかれている状況でも反射食いさせてしまう効果があります。しかし、目の前にバスがいるときでもないと、バスの口元へ正確に落とすことは難しい。また、一点で跳ねさせるにも、距離が近いに越したことはありません。よって、距離を詰めてもあまり逃げないバスに向いていますね。バスの死角となる後方へ着底させてから1ホップでバスの口の目の前に持っていけたら理想です。遠めから引きずってくると、ワームを連れてくる前に気づかれたり、ラインが寝てしまって跳ねさせにくくなります。また、リーダーの長さも大切です。ピュッ！と素早く落ちてきたリグのシンカーが、着底した瞬間から勢いを失ってワームが漂うその緩急の瞬間に、バスの口元にワームがあるように調整します。

それとは逆に、こちらからバスの口元に持っていくのではなく、バスに気づかせて寄せて食わせるのは、ルアーをエサとして認識させて食わせる方向です。バスの泳いでいく先にキャストしておいて、気づきそうな距離になったら動かす。物かげにリグを隠しておいて、スッと出す、など。ルアーも、そのフィールドで実際に食べているエサをリアルに模したタイプの方が成功率は高まります。傾向的には、すでにバスもこちらに完全に気づいている状態で、いまさら「エサです」と白々しく誘うくらいなら、反射食いを仕かけた方が分はいいと思っています。

それと、人やボートに慣れてしまって、いちいちダッシュで逃げないバスは、意外と釣れます。レンタルボートフィールドによくいるタイプです。「食いませんから」と微動だにしなかったり、やれやれとゆっくり逃げていく、ちょっと人をナメているようなバス。むしろ、人やボートに慣れておらず、ピュアに警戒するバスの方が苦戦することも。**だから、スレているから食わないとは、一概に言えないところがあるのです。**

◉スピナベサイトの破壊力

基本的には、逃げている最中のバスは食いません。止まってくれたときがチャンスです。しかし、スピナベサイトだけは、逃げている最中でも口を使うときがよくあります。瞬間的に理性を飛ばすからでしょうか!? スピナーベイトって本当にすごいルアーだなと、思わずにいられません。

面白い釣りといえば、トップウォーターを挙げる人は多いと思います。異論はない一方で、僕がそれ以上に面白いと感じているのが、実はスピナベサイトなのです。見えているバスに対して、正確にキャストを決める。泳いでいるバスだと、距離感を先読みしてキャストする必要があります。巻いてきて、バスの口先を通った瞬間から人の存在を忘れてしまったかのように、思わず食ってしまうバス。**本能を感じますし、キャストを決めて仕留める快感。そしてその一部始終の全てが見えること。**

経験上、スピナベサイトが特に有効なのは、バスが小魚を捕食しているフィールド。リザーバーや山上湖に多いですが、フィールドタイプは問いません。池でも、小魚がメインベイトであれば他を圧倒することがあります。しかし、霞ヶ浦水系のオカッパリでサイトフィッシングをするときには、エビやゴリ、そしてカエルあたりを食っているバスが相手になるので、効くバスは少ないです。そういった傾向からも、小魚だと錯覚しているんだな、と思わされるのです。

スピナベサイトは、泳いでいるバスにも、止まっているバスにも、浮いているバスにも、ボトムべったりのバスにも効きます。ただ一番簡単なのは、表層付近を泳いでいるサカナです。動いているターゲットの口元を通すのは、感覚の慣れが必要ですが、着水からすぐ口元を通せ、泳いでいる勢いのまま食ってきやすいです。そして、バスの位置から下に空間（深さ）がある方が、カーブスローロール（ゆっくり巻きながら落とし込んでいく）で追わせやすい。逆に、ボトムべったりのバスは、下に追わせる猶予がないので、即食いさせなければなりません。よって、口元ギリギリを通すのですが、それでも一瞬追っても食い切らない場合は、すぐに回収して、追った勢いがあるうちに即座に再度仕かければ食うこともあります。

ちなみにスピナベサイトでは40センチ以下のバスはあまり食ってきません。ルアーとバスとのパワーバランスがあるようで、30センチぐらいのバスに対してスピナーベイトが向かってくると、バスの方がひるんでしまいます。結果的に40～50センチクラスのバスにハマるメソッドと言えます。**スピナベサイトで食わせる感覚を覚えると、バスが見えていなくても、スピナーベイトで食わせられるバスが増えます。**

巻いていて突如ガツン！ とくる、いわゆるファーストムービングルアーとしての感覚ではなく、ピンスポットを狙い撃って、着水直後からのカーブスローロールで食わせる感覚。ワームを撃つのが一般的

2019年に府中湖（香川県）で開かれた陸王レジェンドでは、スピナベサイトでバックウォーターのビッグバスを次々とキャッチ。初日の開始3時間で5本6キロ超のウエイトを叩き出した

なピンスポットでも、スピナーベイトだから食わせられると感じるときもあります。これはすごい武器で、スピナーベイトの出番が増えました。

昔から「風が吹いたらスピナーベイト」という格言がありますが、普通に巻いて釣るなら確かにそのとおり。しかし、スピナベサイト、そしてその応用によって、「風がなくても釣れるハードルアーがスピナーベイト」に変わりました。スピナベサイトにおいて食わせられるかどうかは、風のあるなしはまったく関係ないからです。

Column

陸王で戦ったライバルたち——❶

金森隆志

TAKASHI KANAMORI

「陸王」と「陸王レジェンド」でトータル3冠を果たした元祖ミスター陸王。レイドジャパン代表として世に送り出してきたルアー・ロッドは、数多くの岸釣りファンに高く評価されている。

宿命のライバルであり、ともに岸釣り界を盛り上げる存在

最も意識する相手です。お互いオカッパリが主戦場であり、スタイルは何かと対極。対戦となると、負けたくない気持ちが強すぎて、怖いような高揚するような、変な精神状態になりますね。でも、カナモ相手のときは、力が発揮できています。

カナモはやっぱりでかいバスを釣りますね。そのフィールドのマックスサイズへたどり着く嗅覚には天性のセンスを感じます。あとは、大舞台に強い。予選よりも、決勝やレジェンドのほうが性に合っているのではないでしょうか。

対戦ではなく、一緒に取材をするときには、ボクに気を遣って釣らせてくれようとしますが、最大サイズを持っていかれたときだけは悔しがりますね。本人的にも、そこは譲れないところなのでしょう。そして努力家です。苦手な釣りがあっても克服してしまうので、穴が見当たりません。本人は「カバー撃ちは苦手」なんて言いますが、そんなことはないですから。

陸王で戦ったライバルたち——❷

青木大介

DAISUKE AOKI

日本最強のバストーナメンターの名を引っさげて、2019年からアメリカB.A.S.Sトーナメントへ参戦し、2021年4月にサザンオープンで初優勝。陸王では2012年、2015年にタイトルを獲得。ディスタイル代表。

日本最強のトーナメンターは岸釣りでも強い!

釣りのスタイルはけっこう僕と近い。高精度なフィネスをメインとし、食う魚は根こそぎ釣る。しかし、フィールドの捉え方がより洗練されていたり、状況変化への対応能力が飛び抜けて高くて速いので、似たスタイルだからこそ競り合うと地力で負けてしまう。初対決で僕が負けてから、決勝でも彼がいるとその上に行けませんでした。だから、勝てる気がしないという苦手意識はありました。ここ3年で盛り返せてはいますが、それでも足りません。

陸王で彼の映像を観ていても、掴めていないときもあるのですが、結局は捉えて一気にビッグウエイトに持っていってしまう。安定感もピカイチで、リミットメイクは誰より高確率。最強トーナメンターは当然ながら、陸でも強いです。

第四章

頂点を目指すための陸魂思考

陸王最多タイトルホルダーが明かす、
さらなる高みへのメッセージ！
オカッパリアングラーがこれからも
バスフィッシングを楽しむために必要なこととは？

◉ルアーチェンジのタイミング

多くのアングラーの頭を悩ませるのが、ルアーを換えるタイミングはいつか? それはシンプルに**「今使っているルアーより釣れそうなルアーが頭に浮かんだとき」**です。それはカラーチェンジにも同じことが言えますね。ルアーを換えることは手間ですが、それを怠った時点で妥協になってしまう。正解かどうかは別として、そのときにベストと思えるルアーやリグを試すべきです。

即効的な効果としてわかりやすいのが、ワンスポットに複数尾のバスがいる状況。そのうちの一尾が釣られると、その周りにいたバスは警戒するだけでなく、仲間が騙されたルアーを見ています。だから、「まだいそうだぞ」と感じたら、ルアーローテーションしてみる。その換えた一投目にバイトがあることは確かにあります。

たとえば2020年の陸王決勝(五三川・大江川)でも、ルアーローテーションによって一ヶ所から複数尾のバスを絞り出せたシーンがありました。流れてきた枝が引っかかっている杭にて1本キャッチ。さらに枝が入っている範囲を探ると、タタミ2畳ほどの沈みオダを形成していることが分かりました。そして、その周囲のオダからも1本釣れました。2日目、前日に釣れたブルスホッグ3インチのリーダーレスダウンショットリグでかなり丹念に探ったのですが、ノーバイト。

居ないのか? しかし、前日にあった流れが止まっていたことで、「もしかしてバスはいるけど食わないだけかも⁉」と思い、スピニングタックルにチェンジ。ハリーシュリンプ3インチを逆刺ししたネイルリグで、ボトムをゆっくりズル引きしました。枝を乗り越えたらすぐにラインを送り込んで、すき間にバックスライドさせていくと2尾キャッチ！　これで「いるけどカンタンには食わない状態」を確信。バイトは止まるも、さらにもう一段階フィネスにしたらどうだろう？　と、極細ストレートワームのブレーバーマイクロのダウンショットリグにしたところ、さらに1尾絞り出せました。

また、この陸王の際にはこんなケースも。ひとつの大きな倒木にて、ブルスホッグのリーダーレスダウンショットにてキャッチし、さらにもう一本食わせるもバラシ。これはまだ居そうだぞ、と、スモラバ、ネコリグとローテーションするも続かず。最後に、ブレーバーに付いているシャッドテールのウチワ部分だけをカットして動きを変えてみたところ、これに食ってきたのです。

どちらも狭いスポットを丁寧に撃っていますから、ルアーには気づいているはず。このように、**「いても食わない」「釣れたけどまだいる」と感じたときには、そのままのルアーを入れ続けるよりも、ルアーローテーションしてバスに飽きさせない、または、より状況に合ったルアーを試みる**ことで、食わせられるバスは増やせます。

他にも、フォールスピードによっても、バスの反応の変化が劇的に変わることがあります。例えば、アフタースポーン（産卵後）のタイミングや、エビを偏食しているときに、ノーシンカーリグやジグヘッドワッキーといったスローフォールに特化したリグにバイトが偏る傾向は知られたところ。それに限らず、その日そのときでもあることです。

逆に、素早く落ちるからこそ反応させられることもある。反射食いを狙ったり、見切らせないために。極端な例では、見えバスに対し、2・5グラムシンカーをセットしたダウンショットリグを口元で跳ねさせても見切られてしまう。3・5グラムにしてフォールスピードを速めてみると、反応はするけどもうひと押し。ならばと、本来スピニングタックルでは扱わないウエイトですが、5グラムにすると食うことがある。4~5ポンドライン+小さいワームに重いシンカーというアンバランスなセッティングだからこそ、バスがこれまで見たことがないスピードフォールが生まれます。同じ5グラムシンカーのダウンショットリグでも、10~12ポンドラインを巻いたベイトタックルにホッグワームのような多数のパーツが抵抗を受けるワームでは、このスピードは出ません。今はさらに特化させて、7グラムをセットさせての超スピードフォールも用いることも。**「速さは強さ」でもある**ので、バスを驚かせてしまうこともありますが、この場合は、速いけれどワームは小さいので威圧感がない。そんなトリックリグだからこそ反応させられるバスもいます。

タテに誘うならダウンショットを跳ねさせる。ヨコに探るなら、キャロライナリグのトゥイッチ&ポーズ。シンカー重めで素早く動かしたら、食わせの間を入れる。お試しあれ!

◉ルアーパワーを追求

「ルアーパワー」とは、明らかにそのルアーが持つ、突出したバイト誘発力によって釣れているときに用いる表現です。中には、シーズンやシチュエーションを通り越して他を圧倒してしまうチカラを持ったものも。こうなると、他のルアーを投げる気がしなくなってしまいます。**スレを知らない「初期反応」を引き出せるルアーを使っているときほど、カンタンにバスが釣れることはありません。**

過去に味わったのは、ルアーではスティックベイトのスラッゴー、スモラバの元祖であるハンハンジグ、ビッグバドなど。リグでは、ツネキチリグとしてデビューしたダウンショットリグ、その後のネコリグもルアー（リグ）パワーで圧倒的に釣れました。

自ら見いだせたものでは、まだベイトフィネスタックルがなかった頃、ガード付きのスモラバを自作し7フィートロッドの長さでカバーの隙間へ落としては中層でマイクロピッチシェイクするメソッド。この釣法の初公開は、2004年の「バサー・オカッパリオールスター」で、冬の霞ヶ浦水系でした。この頃、この釣りでひとりボコボコに釣っていたこともあり、生意気にも内心「勝つだろうな～」と思って、その通りの結果になったのは、まさにルアーのチカラと釣法が合わさってこそ。

スナッグレスネコリグも、やり始めた頃は根こそぎ釣っている感覚がありました。海外から取り寄せた太軸のワッキーフックにストッパーを付けて、針先を完全に隠したリギングでカバーの中を撃つ。べイトフィネスリールの進化とタイミングがリンクしたことも、この釣りの完成度を高めてくれました。そして、見えバスの目前にスピナーベイトをカーブスローロールさせるスピナベサイト。この釣りを見出したときは、ライトリグに反応しないバスまでもカンタンに食ってくることに驚きました。バスがスピナーベイトに吸い寄せられるように食ってしまう。他にも、これまでにないアクションを発するワームを生み出せたときにも、疑いのない、フレッシュな反応を得られています。最近では、スクーパーフロッグがそうでした。

しかし、これら他を圧倒したルアーや釣法も、その効果は永遠ではありません。**バスは学習するサカナですから、そのルアーや釣り方が流行るほど、効果は衰えてしまう。**それでも、ルアーを開発する立場として、目指すところはまさにルアーパワーで釣れるモノ！　これまでにないアクションを有し、釣果の差を実感できるルアーが理想です。しかし、すべてがそうとはいきません。ラバージグのようにアクションの違いが出しにくいタイプでは、トータル性能で差を見出します。すでにあるものであれば、世に出す価値はないと考えています。

釣りにおいて、「いて食わないのか?」「そもそもいないのか?」は、常に直面する悩みどころです。しかし、ルアーパワーによって、それまでいても食わなかったバスまで反応させられているとき、「こんなにバスがいたんだ」との発見があると同時に、さらなるルアーの可能性を感じずにはいられなくなる。また、目新しいアクションであれば必ずしも釣れるワケではなく、バスがそれを好まなかったら意味はありません。それは経験値で分かる部分もあれば、最終的にはフィールドで試してみないと分からないところです。バスは賢いし、釣り人のこともルアーのこともよくわかっています。そんなバスが我を忘れたかのように、本能むき出して食ってくる。そんなルアーは最高ですね！

◉モノづくりについて

僕はボトムアップというルアーメーカーを営んでいます。少数零細ながら、おかげさまで5年目を迎えました（2021年現在）。さて、起こしたからには、「こうありたい」という理念があります。それは、出すからにはこれまでに無いか、もしくは超えているか。すでにあるものなら、それを買えばいい。ルアーであれば、ニューアクションにこだわります。経験上、バスがフレッシュな反応を示すのは、新しい動き。なおかつ、好きな質であることも肝心です。スプリッターというパーツを取り付けることで横揺れを生み、小魚が身をクネらせて泳ぐようにスカートを躍動させるスピナーベイト「ビーブル」。パドル部に設けたスリットが水を受け、左右に震えながら水中に波動を発する「ブルスホッグ」。オリジナルなレッグ形状により、カエルのキックアクションをリアルに再現した「スクーパーフロッグ」など。他のアイテムも、釣果の差と成り得るアクションやトータル性能をかなえたものをリリースしています。そして、昨今のタフフィールドで効くことも条件ですね。この感覚は、アングラーの多い激戦区で釣りをしていないと養えないと思います。

ルアー以外のアイテムであっても、より実践的であること。例えば、メジャーシートは魚体へのダメージが少ない幅広タイプを愛用していましたが、より素早く正確に計測できるようにゼロ合わせが容易なアルミパーツをこしらえ、収納もコンパクトに。さらに、軽くて水切れがよく、クセもつきにくいメッシュ素材へとマイナーチェンジしました。タックルバッグも、使い勝手のよい内部のレイアウトや体への負担の少なさ、そして生地やパーツにもこだわった高品質です。品質といえば、弊社の商品はメイド・イン・ジャパンが多いのはそのため。コストより、クオリティを優先しています。とはいえ、海外生産でなければ量産できないアイテムもあります。目玉つきのワームや、スカートを巻くタイプがそれです。こちらが望む品質をかなえる工場と縁があり、細かな注文も聞き入れてもらっています。

さて、話を開発に戻しますと、これまでにない動きとなると、そもそも実現できるのか？　実現できたとしてもどこまで高められるのか？　その試行錯誤は、とても地味な作業の繰り返しです。そして、その天井は実際に手を動かしている開発者本人にしか分かりません。僕はワーム開発を担当していますが、社内にはそれぞれ開発担当者がいます。もちろん、その全てに僕のチェックが入ります。おそらくウンザリされるほど細かいので、なかなか予定通りにはリリースされません。自業自得？　ながら、頭がイタいところです。

もちろん、満を持してリリースした商品でも、必ずしもヒットするとは限りません。その効果を知ってもらうには、プロモーションも大切です。しかし、過剰なコトバは使いたくなく、適切な表現をもって伝えたいと思っています。

◉でかバスという存在

僕は、ひたすら「でかバス」だけを狙って釣りをしているわけではありません。本気でそのフィールドのマックスサイズだけに照準を合わせて釣りを展開するならば、ノーフィッシュも覚悟のうえでの釣りになるでしょう。しかし、僕は毎回釣りたい！ その日のそのフィールドを攻略したいのです。取材や対決企画では「グッドサイズを確実に」釣ること。依頼をいただいている以上、成立させなければなりませんし、かといって釣れればいいというワケでもなく、誌面映えするグッドサイズであることも条件だと思っています。陸王のような対決企画であっても、勝つためには粒ぞろいでのリミットメイクが必須です。「手堅い釣果とサイズ狙いの両立」、僕はトーナメンターではありませんが、相通ずるものがあるかもしれません。日頃の釣りでもそういう姿勢がしみついています。

ただ、**「今日はでかバスが狙える」という日があります。**関東のフィールドにおけるでかバスの基準になるのは50アップだと思いますが、今日は50アップが狙えるチャンス！ となったら、その釣りにシフトします。そのタイミングは、ひとつは「雨で濁ったとき」。霞ヶ浦水系を例にとると、50アップは狙って釣れるものではありません。ただ過去僕が50アップを釣った条件は、雨で濁ったときがほとんどです。

普段はいてもルアーにはダマされないでかバスも、濁るとルアーやラインを見切る判断力が鈍ることがひとつ。さらに、濁流になると強い流れを避けるスポットに寄るしかなかったり、きれいな水が注ぐ、もしくは流量が増すことでエサが流されてくるインレットがあれば、そのスポットに素直についていたりと、狙いどころも絞り込みやすい。

ただし、水温より冷たい雨はマイナスに働くことがほとんど。雨水は気温とほぼ同温と考え、水温を測って比較することで、その雨がプラスかマイナスかの目安にしています。雨の日に釣りに行くのはおっくうな気もしますが、チャンスと捉えてフィールドへ立つこと。そして、そのチャンスを活かすべく、濁った水中でも存在感があり、でかバスの好むボリュームベイトをセレクトすることが、でかバスを仕留める近道です。なかでも最も実績があるのは、ラバージグにボリューミーなトレーラーを付けたセッティングやブリブリとパワフルに泳ぐクランクベイトですね。しかし、流量が増し、足元もぬかるみますから、あくまで安全第一であることもお忘れなく。

他にでかバス狙いでいくのは、冬から早春の釣り。レンタルボートになりますが、房総リザーバーに通うのが恒例化しています。50アップが現実的かつ、ノーチャンスで終わる日も少ない。ディープはやらず、シャローからミドルレンジまでを、ラバージグやジャークベイトで狙います。3月上旬を過ぎたあたりから数も釣れ出しますが、サイズも下がってくるので、「ああ、終わっちゃったな」と…冬期ならではの楽しみです。

さて、日頃の釣りでは、良型狙いがベースであることは先に記したとおり。現実的に狙えるサイズの目標となるのは、霞ヶ浦水系であれば45アップ。中部の大江・五三川も同じくらいの感覚。四国の府中湖や旧吉野川、九州の遠賀川であれば50アップが目安になるでしょうか。とはいっても特別なことはしておらず、比較的オーソドックスなルアーがメイン。よって、**タックルもベイトの使用頻度が7割近い**と思います。もちろん、状況に応じて小さなルアーも使いますが、それをメインにしてしまうと、やはりサイズからは遠のいてしまいます。やや線引きが難しいのですが、スモラバやネコリグといったフィネスリグはタフフィールドにおいて主戦力であり、45クラスにも有効です。しかし、それが例えば細身の3インチストレートワームとなると、グッドサイズの関心からは外れてくる傾向です。

しかし、サイトの釣りでは相手がグッドサイズでも小さなワームで仕かけることもありますし、1インチ台のカエルワームに50アップが連発することもある。ケースバイケースではありますが、大きすぎず、小さすぎないルアーをベースにすることが、確実な釣果とサイズ狙いのバランスを適えることになっています。例を挙げると、ポッパー（70ミリ）・スピナーベイト（中小型）・コンパクトジグ・ホッグ＆シュリンプ系（3～4インチ）・シャッドテールワーム（3～4インチ台）・ストレート系ワーム5インチ台といった感じです。ボリューム感のイメージは伝わるでしょうか？

でかバスに特化したルアーだけを使えば、50アップ自体を釣る回数は増えるでしょうが、一部のフィールドを除いては、その日狙って釣れる確率ではないのが現実。僕は、狙って釣れないなら狙いません。

その日の最適解（グッドサイズを複数尾）を探します。しかし、これが、60アップが現実的なフィールドとなれば話は別です。日ごろ60アップが狙えるフィールドで釣りをしていませんから、こんなめったにないチャンスであれば狙わないワケにはいきません。僕にとってはまだ手にしたことのないサイズですから、そこはもう「夢枠」です。

ちょっと話は逸れますが、近年、霞ヶ浦水系でもビッグベイトが流行ったタイミングがありました。釣果情報では目を惹くものの、投げている人数に対して、実際に釣っている人は少ない。フィーディングスポットと一時の時合いを捉えられる人の成果であることがほとんどです。有効性が認知された一方で、かなり限定的でもある。それでも、「5回に1尾でもいいからでかい魚を釣りたい」「これで釣りたい」はもちろんあり！　この本で記しているのは、あくまで僕のスタイルに過ぎませんから、ご自身に合ったスタイルで楽しんでいただくことが一番かと思います。

◉ハイプレッシャー攻略

「スレている」なんてフレーズは、僕がバス釣りをはじめた30年前から言われていました。今思えば、それは「スレている」うちには入らないレベルでしたが。でも、当時としては、ヘタクソで釣れないことを、「スレてるな〜」なんて。まあ、アングラーのスキルやルアーが進化してもバスも賢くなりますから、「スレている」のミゾは埋まらないままですね。

プレッシャーには地域差もあります。かつては関東＝ハイプレッシャーなんて言われており、確かに中国地方や四国、九州はパラダイスだと感じた頃もありました。しかし近年は全国的に平均化した感はあります。10年以上前であれば、遠征先の地元アングラーが「スレている」と言っていても、自分にはそれほどでもないと思えていました。今は、なんでこんなに遠くまで来たのに、釣れないの!?なんてこともザラにあります。


ではそもそもプレッシャーとはなにかといえば、考え方は二通りあります。**ひとつは人に対するバスの警戒心。もうひとつは、ルアーに対する学習。**

人に対するプレッシャーは、キャスト以前から配慮します。狙うべきスポットの直近には車を停めない。その手前か、通り越してから車を停めます。どうしても目の前に停めなければならないときは、ドアを閉める音にもかなり気を遣います。魚は振動に敏感ですから、足音はソフトに。僕はよく釣り場で走っていると思われていますが、釣りをする位置までは走りません。ある程度近づいたら、スピードを緩めて呼吸を整えつつ、忍び足です。段差を降りるときにも飛び降りず、そっと着地します。そして影を水面に落とさないように気をつけます。水面に影が落ちてしまうときには、後ろに下がったり、しゃがんで影を小さくします。あとは狙うスポットとの距離感で調整します。こういったことに無頓着だと、キャスト以前にバスに逃げられてしまうか、食わなくしてしまう確率が上がります。逆にいうと、気をつければ、近づける場合もあるので、キャスト精度や繊細な誘いに有利に働くということです。

そのうえで…人気のスポットほど、道が出来ており、さらに踏み固められた立ち位置もあるものです。が、バスは賢いサカナですから、そこに立つ人が釣り人であることは分かっていると考えます。それを逆手にとって、アプローチが可能であればその立ち位置は避けて、不意打ちをしたい。**無警戒のバスに対して、ルアーを自然に通せれば、それだけで食うチャンスは高まります。**

「ルアーに対するスレ」は、「盲点」を模索します。例えば、バスフィッシングにも地域柄があります。そのフィールドでの人気や実績のある「定番ルアー」は必ずといっていいほど存在するものですが、参考にはすれど、それにすがろうとは思いません。そのフィールドに合ってはいるのでしょうが、バスにとっての新鮮味はすでにないからです。アウェイのフィールドでは、ロコアングラーの情報量にはかなうわけもありませんが、逆に先入観なくそのフィールドに挑むことは、不利なことばかりでもないのです。**ホームフィールドで培った、もしくは浸透している釣法が、遠征先ではフレッシュに利いてくれることもあるのです。**

例えば、2019年に府中湖で開催された陸王レジェンドでは、手練れでも手を焼く粒ぞろいの見えバスが、スピナベサイトだけには好反応。初日開始3時間で5本6キロを超え、2日間での優勝ウエイトに達しました。すでに公開している釣法ですから、この地でもすでにやり込まれていたらこの結果にはならなかったはずです。でかい魚を根こそぎ刈り取れたことから、この釣りの使い手としては僕が初だったのかもしれません。

また、2020年に大江川・五三川で開催された陸王決勝では「コンパクトカバージグ&ポーク」と、「ハリーシュリンプ3インチの逆刺しズル引き」がそうでした。霞ヶ浦においては、コンパクトカバージグ&ポークは2018年の陸王ウイニングルアーとして、ハリーシュリンプの逆刺しズル引きも、動画を公開して、それなりに浸透していたと思います。しかし、五三川でのプラクティスで出合ったアングラーで、この2つをリグっている人は皆無。ラバージグをリグっている人はいても、ポークはいない。フィールドタイプにもこの2つは合っている。プラクティスはジグ&ポークで釣り歩きましたが、強いバイトが頻発したことから、その効果を確信。特に、五三川のようにアングラー密度が高いフィールドでは、ルアーで差別化できることは大きなアドバンテージになります。そして土曜日開催となった2日目、ハリーシュリンプ3インチの逆刺しは、連発にてリミットメイクに貢献し、ギャップジグ3・5グラム+ビッグダディJr.は、ビッグフィッシュ&入れ換えに貢献。単日のウエイトでもウイニングウエイトに達したのは、ルアーへのスレに対する盲点をつけたからこそだと思います。

「人と同じ釣りをすることに安心感を覚えるのではなく、むしろそれらを出し抜く術を模索する。「他人と違うことをする」のが、一番のプレッシャー対策です。

◉見切りと粘り

バスがいないのか、いても食わないのか。先にも記しましたが、釣れないときにいつも頭に浮かぶことです。粘るべきか、移動した方がいいのか、見切りのタイミングの正解は正直難しい。粘った結果釣れないとしたら、その時間を無駄にしてしまったことになる。常にベストな見切りができていれば、それは最高ですが、本当のところは誰にも分からないことです。

ボートなら進化した最新魚探で、いる・いないはもちろんのこと、追ってきても食わないなど、そこまで把握して釣りをすることが可能になっています。でもオカッパリにおいてそこは完全にブラックボックスで、場所や釣り方を見切る判断は、経験やカンによるところ。カバーフィッシングであれば、アプローチが甘いと、自分の中でも釣り残しているかもと疑念を抱きますが、キッチリとキャストを決めていって攻め切っていれば、未練なく見切れます。逆に言うと、そう思えるためにも、入るまで投げ直します。

あとは見えバスがいたり、ボイルが起きているなど、確実にバスがいると分かっているとき。あとは食わせるだけとなれば、その場に時間を要してでも、あの手この手を尽くせます。その結果、どうやっても相手にしてもらえなかったとしても、結果は出たうえで見切れます。一番難しいのは、想像でやるしかないとき。バスが確認できず、いるかいないかも分からない状況で見切るのは、感覚と言ってしまえばそれまで。その場所で数種類のルアーをキャストしたうえで見切るよりは、1〜2タイプのルアーを要所に投入しただけで見切ることの方が多いです。居そうなところに食いそうなルアーを入れているつもりなので、それで食わなければポテンシャルはないという考えがベースです。

僕は基本、一ヶ所で粘ることはめったにありません。それは性格もあるし、フィールドのタイプにもよるところです。**見切りは、結局のところ自分が納得できるかどうか。**その場所に対して、自分なりに妥協のないアプローチをしたと思えれば、見切れる。一旦見切って、時間を置いて入り直すのも手です。逆に粘るにしても、確信があればいいことです。よくないのは惰性で釣りをして、どこか運試しになっているとき。それは時間のムダに等しいのです。

よく僕とカナモ（金森隆志）の二人は、動くか粘るかの対極だと言われています。ともにケースバイケースではあるのですが、特徴的なスタイルとしては確かにそのとおり。カナモはそのフィールドそのときの一級スポットを見抜く目に長けています。それこそ、そのフィールドのマックスサイズに辿りつく嗅覚は天性のモノ。そして、ため池でバス釣りを覚えてきたこともまた、時合いで口を使うバスをとらえる感覚が染みついているのかもしれません。一ヶ所で粘るということはとてもリスキー。バスが居ないところでひたすらにキャストしているかもしれないからです。移動を繰り返した方が、どこかでバスに当たるし、バイトがなくとも気は紛れます。カナモは場所の見極めに自信があるからこそ、一ヶ所で粘ることができるのでしょう。

一方、ラン&ガンスタイルにしても、闇雲ではいけません。よい場所だけをピックアップして回ることが、このスタイルの極意です。移動しながらもよりよい条件を絞り込んでいき、精度を高めていければベストです。**粘りも見切りも、どちらも確信があってこそ。いかに確率を上げられるかにかかっています。**

◉本当に釣れないのときの対処法

まだバスが多かった頃は、ヘタでもマグレで釣れました。マグレでも釣る経験を少しずつ重ねていけることで、釣るコツを覚えていけました。今はなかなかこうもいかず、バスフィッシングが本当に面白くなるまでのハードルになってしまっているのは確かです。

釣れない環境の最たるものは「冬」。冬に比べれば、他の時期のタフコンディションなんて生易しいものです。バスの活動時間が短く、半冬眠状態。朝イチや夕マズメ、風の吹き始めなどの一時的に活性が上がるタイミング以外は、ほぼ口を使ってくれません。また、バスが沖に出てしまって、オカッパリで狙える範囲内にバスがいなくなるフィールドもあります。よって、冬のオカッパリはそもそも場所を選びます。霞ヶ浦水系は冬でも釣れるフィールドですが、それでもよくて1日3尾。しかし、狙うべき場所は他の時期よりも絞り込みやすく、また有効なルアーも限られてくるので、それさえ外していなければ、決して釣れない時期ではありません。冬でも安定して釣れるようになれば、他の時期にデコることはなくなるでしょう。

取材釣行でひたすらにバイトがないときはシビれますが、一方で、なんとかなるとも思っています。ちょっと楽観的なところもあるのかもしれませんが、最善と思われることを実践し、諦めなければ、まったくノーチャンスってことも意外とないからです。場所を変えてみる。もっと丁寧に探ってみる。ルアーやリグを変えてみる。まったく釣れる気配のない1日でも、日没前の一時だけ豹変することもあります。そのときだけは食う、そういう状況は存在します。

根性論みたいになってしまいますが、諦めたらそれまでです。なかなか釣れないときに、すぐデコってしまう人と、1尾でも釣ってくる人との差は、実は大きい。もちろん、釣れない日はあります。でも、僕は年間100日釣行したら、10日はない。そしてそのデコった日でも、同じフィールドで誰かは釣っている。**バスフィッシングは、だいたいなんとかなる釣りなのです。**

僕の釣行は朝早いので、眠気に襲われることもありますが、釣れていないとしても、そういうときは素直に寝ます。陸王のような勝負企画では別ですが（そもそも眠くもなりません）、取材中でも寝ます。頭が回らず集中力を欠くくらいなら、たとえ20分でも寝てすっきりした方が釣れると思っています。また、好きなこととはいえ、集中し続けるのは難しいもの。移動の合間に、コンビニに寄ってコーヒーブレイク、甘いものもセットで（笑）。何気に、欠かせない習慣になっていますよ。そして釣れないときは、釣れたときのことを思い浮かべます。ちょっと気分を盛り上げる気持ちもありますが、それとは別に、過去、こういうときにどうしてきたかなと思い起こしてみる。場所でも釣り方でも、過去の引き出しにヒントがあるかもしれません。休憩もそうですが、ちょっと立ち止まって仕切り直すことも、釣れないときには必要かもしれません。

「釣れない」理由は、場所を外しているか、ルアーが合ってないか、釣りが下手かだと思っています。釣れない人は、釣れない理由が分からないから釣れない。自分がマト外れな釣りをしていただけなのに、なにかと状況のせいにしてしまうと、釣れないままです。

バスの個体数が減った今、いわゆる正解の釣りをしても、時期やフィールドによっては、1日に得られるバイトは1〜2といったこともザラ。その1〜2バイトを得られるか？　そこがゼロかイチかの差は大きいという意味で、釣る人は、キビしい状況下でもたいていしぶとく釣ってきます。

今やバスは手軽に釣れるとは言いがたい魚です。しかし、本当にどうにもならないときはレアケース。「釣れないけど、釣れる」魚です。**バスを侮らず、釣りに対して貪欲にかつ謙虚に、そして最後まで諦めない。**以前なら釣れなかった状況でも、今なら何とかできるだろうな、と思えることは多々あります。そして今は太刀打ちできない状況も、将来的には釣れるようになっていたいですね！

釣る術を覚えるのに、ガイドサービスを受けてみるのもひとつの手段です。1日3〜5万円が相場とそれなりの出費になりますが、その日高確率で釣らせてもらえるだけでなく、客観的な視点で悪い部分を改善してもらえたり、釣れるコツを伝授してもらえることは、今後の釣りにも十分に活きてきます。何がいいのか悪いのかも分からず釣りをしているよりは、何十日分、もしくはそれ以上の経験値を1日で積めるかもしれません。釣れるようになりたいけれど、行き詰っている、そんな方は検討されてみてはいかがでしょう。

◉オカッパリとボートの釣り

もっと釣りたい。多彩な釣りをしたい。新たな刺激が欲しい！　バスフィッシングをより深めたいなら、ボートフィッシングもおすすめです。僕はカートップのジョンボートからスタートし、今はレンタルボートも頻繁に利用しています。釣りができる範囲が広がること。そして、素直に反応するバスもオカッパリより多いといえます。そして、水に浮かぶことで、より非日常的なシチュエーションに浸れるのも好きですね。**個人的にはボートの釣りもやってきたことで、オカッパリでは得難いスキルを習得できた実感があります。**

ひとつはキャストが上達しました。沖から岸に向かって、適度な距離感で隙間を射貫くような、実践的なキャスト回数が圧倒的に増える。そして引っかかっても取りにいけるので、臆することなく狙っていけることも上達につながります。オカッパリだと、対岸がちょうど狙える距離感であることは案外少なく、ムリもできません。カバー撃ちでも足元に落としていくことの方が多いです。そして、幅広い釣りを覚えるという点においても、ボートフィッシングの方が有利。複数本のタックルを常備し、ロッドを持ち替えるだけで済むので、おのずと使うルアーの種類が増えること。スピーディーに流していけるし、ハードルアーが活きる場面が格段に増える。そして、魚探を活用したディープフィッシングも、ボートならでは。タックル面においても、シチュエーションにおいても、多彩な釣りが可能になります。

そして、オカッパリの方がエリアに対するアングラーの数が多いので、どうしても「そこにいるバスにいかに何に食わせるか」という方向性になりがちです。ボートの方が狙えるエリアが広がるため、「食わせる」以前に、「探す」ことが大切になってきます。それこそ魚探を活用して水中の地形変化も探るようになると、オカッパリでも水中を立体的にイメージする感覚が身につきます。何より、広い目でフィールドを把握し、バスを探す感覚が養われます。逆に、オカッパリの経験がボートフィッシングでも活きることもあります。これはあくまで傾向ですが、ボートフィッシングしかやらない人は、次々とスポットを回れることから、やや攻めが淡泊というか、釣り残しがち。他船が流した後やバックシートで釣りをするときに、オカッパリで培った丁寧なアプローチで絞り出せることは多々あります。

広くバスフィッシングを学ぶという意味では、オカッパリだけだと知らずに終わってしまう領域があるし、ボートフィッシングだけでも、限られたフィールド環境や常時スレきったバスを相手にする感覚を磨きにくい。**どちらも知っておくと、「探せる魚」も、「食わせられる魚」も増えるのではないかと思います。**

◉オカッパリ勝負

「陸王」の企画が広まって、「仲間内で陸王的なことをやっています」なんて話もよく耳にするようになりました。僕も中学時代には、トーナメントへの憧れからマネごとをし、ライバル的釣友と5本リミットでのウエイト勝負をしていたものです。

中学1年からは、グラチャン（W・B・S・グランドチャンピオンシップトーナメント。土浦新港内で開催されていたオカッパリトーナメント）に出るように。そこで年間1位を獲ると名前入りのオリジナルロッドをもらえるのですが、これがノドから手が出るほど欲しかった！　しかし、出始めた頃はなかなか釣れませんでした。当時のグラチャンは100人以上集まることもあり、ぎゅうぎゅう詰めの土浦新港（現在は釣り禁止）で釣ることは、日頃の釣りとはかけ離れていました。少しずつコツを掴んできて、釣れるようにはなってきたものの…先に年間1位を獲ったのは、ライバル的釣友でした！　これはかなり悔しかった！　高校に上がったこの翌年からは、2年連続で僕が1位を獲りました。一尾の重さで競うため、優勝は運にも左右されましたが、数は誰よりも釣っていたので、年間成績では有利です。釣り勝つスキルを磨けたのは、この大会に夢中になったおかげ。今はショップさんやチームでのオカッパリ大会も多くなり、そして陸王でも一般参加できるオープン&ダービーがありますから、そこで**勝つことを目標に全力で挑むことは、スキルアップに繋がること間違いありません。**

僕は陸王も初年度こそ獲れましたが、そこから10年間勝てず。「初代陸王」といわれるのが、正直イヤになっていました。しかし、2018年からの3年間は連続してタイトルを獲っています。（18年陸王、19年レジェンド、20年陸王）。勝てなかったことも、勝てるようになったのにも、それなりの理由はあると思います。僕の場合、勝てなかった頃は、初日のウエイトを2日目に超えることがまずありませんでした。初日はイメージどおり釣れたとしても、2日目はパワーダウンしてウエイトが落ちる。もしくは、プラクティスの状況から変わってしまい釣れない状況になっても、釣れるはずだと諦めきれない。プラクティスで見つけていた魚に頼りすぎていました。初日に釣っても2日目にウエイトが落ちると、初日のリードで逃げ切れることはあっても、逆転はない。そして、決勝のメンツだと誰かしらは2日間トータルで必ずいいウエイトを釣ってきますから、そんなジリ貧な釣りで勝てるワケがないのです。

しかし、直近3年間では、2日目の方が競技時間が短いのにもかかわらず、2日目にスコアを上げられることができるようになっています。それによって、逆転勝ちもできるようになりました。

プラクティスは過去のことですから、頼り過ぎない。そこからの変化を察するようにし、フレキシブルに対応する。それによって、飛び抜けたウエイトで圧勝できるようになったり、見失った日でも、展開を切り替えてダメなりに最低限のウエイトは釣ってこれる力が身についてきたと思います。まあでも、僕はまだまだ。自力でかなわない連中相手にイッパイイッパイです。それでも、オカッパリの舞台では、なんとか食らいついていきたいと思っています。

陸王やオカッパリオールスターなど岸釣りコンペティションを戦うことが、アングラーとしてのスキルアップへつながった

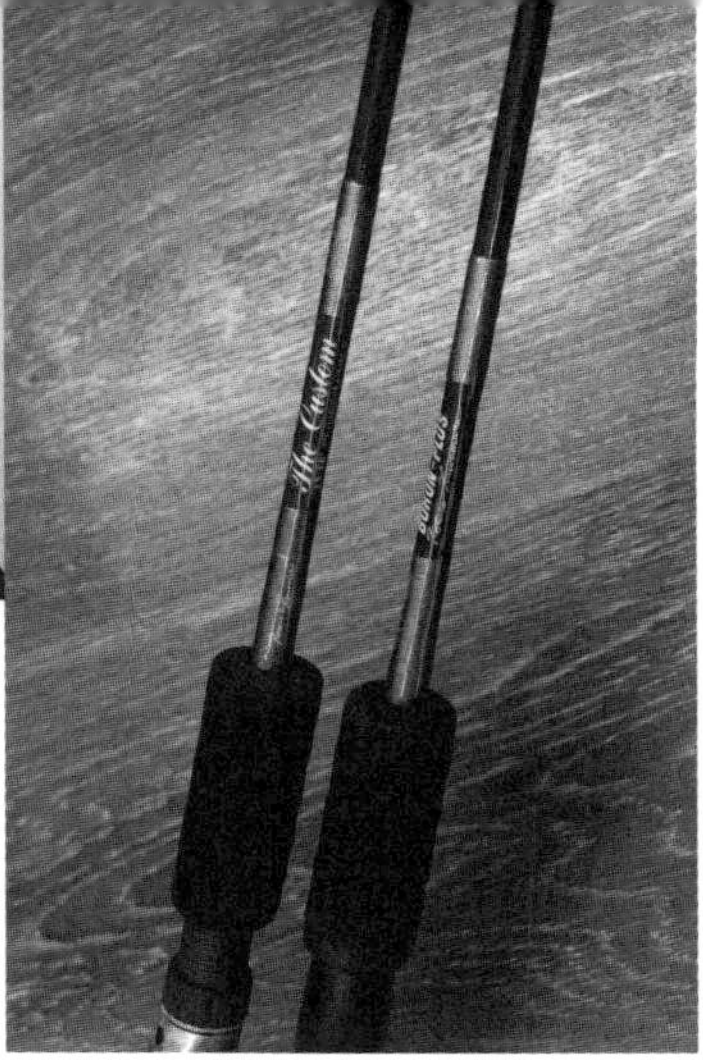

W.B.S.グランドチャンピオンシップトーナメントの年間優勝者に授与された、名前入りのバスロッド

◉バス釣りを続けていくために

これからもバス釣りを楽しませてもらうために、**バスアングラーがすべきことは、バスを大事にすることです。**バスはけっして多い魚ではありません。全国的に見ても、増えたり減ったりの波があるわけではなく、減り続ける一方に感じています。それにはさまざまな要因が考えられて、大水で流されたとか、鵜に食べられたとか、農薬の影響だとか。しかし、そのうちのひとつに間違いなくあるのは、バスアングラーによるところです。ここからは、リリースが許されるフィールドを前提として記させていただきます。

釣ったバスの扱いがぞんざいで、必要以上に弱らせてしまう。僕らのようなメディアで釣りを見せる側の人間も、そこに対してルーズな人もいるのも事実で、見ている人に「それでよいのだ」と思わせている責任もあるでしょう。バスを釣った写真を撮るのはほとんどの人がしているといっていい流れですが、撮影や計測に時間をかけすぎてしまっている人が少なくありません。できるだけ手短に。カメラやメジャーを準備する間も、水に浸けられるならそうすることでバスの酸欠状態を防げます。乾いていたり熱い地面の上にバスを抜き上げたり、計測時に横たわらせるのも大きなダメージを負わせます。抜き上げるなら、バスが地面に着く前にラインを掴んでキャッチします。計測は、幅広のメジャーを水で濡らしてから魚体を置いてください。

産卵時期であればなおさら、釣ったらその場で速やかにリリースです。卵や稚魚を守っている親バスがいなくなると、他の魚たちに食べつくされてしまいます。よって、ライブウェルに入れての移動は致命的です。**釣ったバスをいかに元気な状態でリリースできるか。そこにもこだわってもらいたいです。**そして、知らずにバスを弱らせてしまっている人にも、伝えられたらベストです。このままいったら、さらに個体数が減って、本当に釣れない魚になってしまう。

そしてもうひとつ。フィールド環境に配慮すること。迷惑駐車やゴミといった、マナーの問題です。

これは**バスアングラーであるからこそ、謙虚であるべきです。**ある意味ブラックバスと言うだけで、害魚として悪いイメージを抱いている人が沢山います。悲しいかな、これは現実です。そしてそのバスを狙う釣り人のことも快く思わない人も多いのです。だからこそ、バスやバスアングラーに対して偏見を持つ人から見ても、悪く思われないような立ち居振る舞いをしなければなりません。**とかく叩かれやすい魚、遊びだからこそ、そうされないようにすることは大事です。**

釣ったバスの扱いに気を配ることを忘れないでいて欲しい。そして、マナーやルールに則って謙虚でいることも大事。バスフィッシングをこれからも続けていくために、一人ひとりの心がけが必要です

霞ヶ浦水系で釣りをしていると、ペンキで「釣り禁止、立ち入り禁止」と書いてある保護水面や漁港に入って平気で釣りをしている人がいます。細い道をふさいで駐車している人もいる。ルアーのパッケージやラインのポイ捨ても。一部の無法者であっても、そこを利用する近隣住民からしたら迷惑な存在であることはもちろんのこと、日ごろ気をつけているバスアングラーにとってもいい迷惑。

どうか釣り禁止という最悪の結果にならないよう、一人ひとりが心がけ、広めていきたいバスフィッシングの常識です。

Action instinct
Bite on instinct

陸王で戦ったライバルたち――❸

琵琶湖のプロガイドとして腕を磨き、現在はB.A.S.S.トーナメントで戦うプロフェッショナルフィッシャーマン。ストロングなスタイルと緻密な判断力を兼ね備え、岸釣りでもビッグバスを叩き出す。2014年に陸王を制覇。

木村建太

KENTA KIMURA

ストロング一辺倒だけでない「キムケンスタイル」

5本リミットの勝負であろうと、いつも「らしい釣り」をしている。クランクベイトやチャターを高速巻き。ワームでもボリュームベイトをビシバシ誘ったり、やっぱりストロングなんですよね。なのに、タフフィールドでもナイスウエイトを釣って来る。外すこともほぼありません。あの芸当はキムケンにしかできないと思います。

スピード感やボリューム感で、バスを思わず反応させてしまう釣りに長けている。それでいて、実は細やか。メタルバイブにミスバイトが多いとなれば、その場でフェザーフックをつけてフォールスピードを抑えて食いやすくしたり、ストロングスタイルでグッドサイズを釣っておきながら、リミットメイクにライトリグが必要とあれば切り替え、確実に仕留めてくるのはやはりトーナメンター。

そして、ルアーに対してもマニアックな視点を持っています。自ら開発もするので、これまたキムケンらしいルアーを生み出してくる。随所において唯一無二な存在です。

陸王で戦ったライバルたち――❹

伊藤巧

TAKUMI ITO

驚愕の不思議アングラーから世界のタクミへ進化

利根川の「TBC」、ハードベイトオンリーの「H1グランプリ」、そして陸王（2016年・2017年連覇）など様々なコンペティションで結果を出し、2019年からB.A.S.Sへ参戦。2021年7月にエリートシリーズで初優勝を果たした。

理解できないことも平気でやってのけるし、不可能を可能にしてしまう不思議な力を持っている。たとえば、艇王決勝の相模湖では、相模湖ほど歴史のあるフィールドのレコードバス（62センチ / 4100グラム）を、対戦当日にカメラが回ってる前で釣ってしまいました。「ロッド＆リール」誌最終号の彼自身の連載では、青野ダムで62センチを釣っています。このときは僕がエレキを操船していて、彼が後ろで食わせたのですが、目の前で起きたことがアンビリバボーすぎて、生まれ持った星（?）の違いを感じてしまいました。どんなに釣りがうまくても、引き当てられないようなことをやってのける、不思議な人です。陸王においては、走る、ヤブを漕ぐといった全身全霊のオカッパリを実践する一方で、プラクティスではボートを出して魚探をかけたりと、オカッパリでは知り得ない地形の把握や魚影のチェックにも余念がありません。とにかく、勝つための最善策を全力で探してくる。そこに試合当日は、天性の直感的も加わって、僕には思いもしない場所や釣り方で釣って来るのです。そして、想像もつかないスピードで進化しています。今やアメリカB.A.S.Sの最高峰ツアーで注目を集める活躍をしているなんて、5年前に誰が想像できたでしょうか!?　これからも想像を超えた驚きを見せてくれると思います。

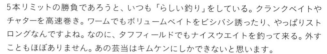

おわりに

◉バスフィッシングはすべてを自分で決められる「自由な釣り」

僕は、「釣りは釣れなければ面白くない」と思っています。釣りに来たからには最低限でも釣って帰りたい。さらに言えば、釣れたとしても、もっと沢山、もっと大きいのを。

僕にも釣れない時代はありました。小学校2年生からバス釣りを始めて、釣果に安定感が出てきたのは中学1年生から。その間は、釣れない日の方が多かった。僕は釣れないと面白くないので、エサ釣りの仕かけも持ってきていました。フナでもブルーギルでもいいから、釣れた方がいいと。

ルアーで釣るバスは高根の花でした。しかし、中1の頃、T.D.クランクを投げまくっていると、1日に数尾は釣れるようになり、さらにスプリットショットリグをズル引くことを覚えてからは、2ケタ釣果も当たり前になりました。こうなると、もうエサ釣りはしなくなっていました。新たなメソッドを試しては釣果に反映することが楽しくてたまらなかったのと、バスのオカッパリ大会にのめり込んだ影響もあります。

バスフィッシングは、1尾のバスにたどり着くまでのすべてが自分自身にかかっている釣りです。その日の状況から場所を選んで、無数のルアーの中からチョイスし、キャストを決め、操作する。海の船釣りのように船頭さんに案内してもらい、指示された深さに落とす釣りでも、腕の差は出ます。僕もたまに船釣りをする機会もありますが、アタリは多いし仲間とワイワイして食べて美味しいと、かなり楽しめる釣りである一方で、バスフィッシングほど要素が多岐にわたって、奥深い釣りはそうないのでは？ということも再認識。バスを釣ったときのような満足感を得られないのです。

バスはお手軽に釣れる魚とは言えませんし、ノーバイトに苦悩するときも多い。それでも、僕にとっては一番面白いんですよね、バスフィッシング。

ここまでつらつらと原稿を記させていただきましたが、あくまでご参考までに。相手が自然で生き物ですから、まったく同じ状況は二度となく、僕自身30年以上この釣りをしていても新たな発見が尽きない釣りとサカナ。極めたなんて、微塵も思えないでいます。

バスフィッシングは、本当に奥が深く、そして終わりがありません。食べもしない魚にこれだけ熱くなれるのは、それだけ魅力のあるサカナと釣り方だからだと思います。

バスって本当に愛しい魚です。根こそぎ釣ってやりたいですけど。

川村　光大郎

川村光太郎

かわむら・こうたろう　関東最大のバス釣り場、霞ヶ浦水系（茨城県）で少年時代から岸釣りの腕を磨き、オカッパリバス釣りシーンの先頭を疾走するカリスマアングラー。岸釣りコンペティションの頂点、「陸王」で初代チャンピオンをはじめトータル4冠を達成した。主宰するバスフィッシングブランド「ボトムアップ・フィッシングギア」において、実践の場で磨き上げた数々のハイクオリティタックルを生み出している。

ルアマガブックス

純度100%岸釣りノウハウ

バス釣り 陸魂読本

発行日　2021年9月30日　第1刷

著　者　川 村 光 太 郎

発行者　清 田 名 人

発行所　株式会社 内 外 出 版 社

〒110-8578　東京都台東区東上野 2-1-11

電話　03-5830-0368（販売部）

印刷・製本　中央精版印刷株式会社

©Kotaro Kawamura 2021. Printed in Japan

ISBN 978-4-86257-547-0

本書を無断で複写複製（電子化を含む）することは、
著作権法上の例外を除き、禁じられています。
また、本書を代行業者等の第三者に依頼してスキャンやデジタル化することは、
たとえ個人や家庭内の利用であっても一切認められていません。
落丁・乱丁本は、送料小社負担にてお取り替えいたします。